AR+
殷墟
兵器 青銅

AR+ 殷墟

青铜兵器（上）

殷墟由来

柴秋霞　主编

上海大学出版社
·上海·

本书编委会

主　任　李晓阳
副主任　柴秋霞
委　员　岳洪斌　岳占伟　周　伟
　　　　　杨　谦　丁梦莹　张梦涵

序 言

党的"十八大"以来，习近平总书记高度重视文物"见证历史、以史鉴今、启迪后人"的重要作用，多次强调"让文物活起来"。"让文物活起来"是新时代文物工作的重大使命。

而要让文物真正活起来，除了深入挖掘文物背后的历史文化，做到透物见人、见史、见生活和见精神外，关键是要创新文物故事的传播方式。进入互联网时代，日新月异的大众传媒、新媒体，日臻成熟的大数据、云计算、人工智能等信息技术的发展，以及观众欣赏方式的变化，一方面为文物活起来开拓了新的方式，另一方面也要求我们适应技术和公众文化消费的习惯，不断创新文物故事传播的方式，推动文物传播的通俗化、知识化、趣味化、体验化、网感化、视频化。如此，方能突破文物故事的传播方式，让文物真正活起来，不断吸引和抓住观众的眼球，传播中国智慧、中国精神和中国价值。

近十几年来，数字媒体技术已被广泛地运用到历史博物馆、科技馆、自然历史馆、纪念馆、遗址公园、艺术馆、水族馆、动物园以及游客中心等主题内容阐释机构的展示设计上，以营造全新的观众参观体验。其中增强现实技术（Augmented Reality，AR）已成为文物活起来的新方式，深受观众的喜欢。增强现实技术是一种将真实世界信息和虚拟世界信息"无缝"集成的新技术，其特点就是将真实世界和虚拟世界的信息集成并和使用者进行实时交互，同时给使用者带来多感知的体验。早在2008年，故宫博物院就与IBM公司合作，建成"超越时空的紫禁城"，充分利用增强现实技术，为游客提供沉浸式体验，从不同角度观察和欣赏这座规模宏大、保存完整的宫殿，了解清代皇家生活，感受故宫的魅力。

安阳殷墟是中国第一个有文献记载并经甲骨文及考古发掘所证实的商代晚期都城遗址。殷墟不仅反映出一个高度繁荣都城的宏大气派，而且其青铜器、玉器和甲骨文等体现了高度发达的文明成就。其中的青铜器铸造技术，代表了中国古代青铜文化的最高成就，也是公元前14世纪至公元前11世纪世界青铜文明的重要代表。青铜兵器是殷墟青铜器的重要门类，这些绝美的技术凝结于一件件殷墟兵器之中，作为人类文明和智慧传承的重要载体流传了下来。但因为受到空间、时间和媒介的制约，人们看其外在形象，不仅无法直观深入地去了解其全貌，更不知其价值、不解其历史。

在本书中，殷墟兵器不再是博物馆中摆放整齐的文物，也不再是科普读物中的照片，更不是简单的文本介绍。殷墟兵器"动"了起来。首先，殷墟兵器的"动"可根据读者的需要360度地调整观看的角度，还可以放大仔细端详；其次，殷墟兵器的"动"以动画效果展示出来，展示了殷墟兵器的使用方式，再现了兵器的原始风貌；最后，殷墟兵器的"动"随书籍的翻页而动，每一页的兵器都以自己特有的方式与读者互动，或以敲打的音效传递青铜的质地，或以解说揭示兵器的历史知识，在变化之中吸引读者的注意力，激发读者的阅读兴趣。

此书值得一观。

陆建松
2021年1月于复旦大学文物与博物馆学系

前 言

　　文物经过自然和社会因素的侵蚀和影响，留存下来的并不多，其脆弱性和实物的展示功能也形成了巨大的矛盾。切身感受这些文物受到空间、时间和媒介的制约，人们无法直观深入地去了解其全貌，通常只能通过观看图片、影像和参观博物馆等方式来了解文物，不能真正了解这些"国家宝藏"的价值与历史。

　　2014年，习近平总书记在联合国教科文组织总部演讲时强调，要让收藏在博物馆里的文物、陈列在广阔大地上的遗产、书写在古籍上的文字都活起来。文物的保护和展示成为当前亟待解决的问题。根据总书记的要求，也是公众对文物、科普工作的迫切需要，文物要"活"起来，"动"起来，对传统文物科普读物的数字化建设也成为文博工作者的使命。高速发展的科技给文化遗产的保护带来了新的生机，也使得文化遗产的展示和教育呈现多样化。近年来国内外尝试使用各种数字化手段保护和呈现文物，弘扬传统文化，其中增强现实技术（Augmented Reality，AR）成为文化遗产展示和教育的新途径。

　　殷墟代表着殷商时期高度发达的物质文明和创造文明成果的技术手段，代表着中华文明的伟大力量，在中国历史上也是独一无二的。最典型的例子就是青铜器铸造技术，这些绝美的技术凝结于一件件殷墟兵器之中，作为人类文明和智慧传承的重要载体流传下来。近三千年之后，这些古代战士们所用的兵器才被考古学家们发掘出来，其考古价值、文化价值不可估量。对于大部分读者来说，考古数据无法重现这些兵器昔日的光芒，单纯文字的描述也无法再现这些兵器主人当时的辉煌。

　　本书基于增强现实技术，通过情境创设和空间感塑造，为殷墟兵器"动"起来创造了条件，通过视觉、听觉的感官反馈，为读者沉浸入殷墟兵器的时代营造了氛围，通过直观感受和讲解强化了殷墟兵器科普知识的可达性，通过手机等手持移动设备的手指操作构建了自然的交互体验。在本书中，用逼真的三维模型和动画再现了殷商时期勇士手中的矛戈，读者可以通过手机等移动设备，从任意角度、全方位地观赏文物,既不伤害文物,又为读者带来精度高、交互性强的文化遗产展示,结合文字描述和插图,让早已生锈的殷墟兵器焕发出冷峻的气息,实现了科普知识的传递、文化内涵的传播,让读者在寓教于乐中体验虚拟兵器与现实空间的互动。

利用当下前沿的增强现实技术和三维动画等手段,把原本枯燥的文物用这种有趣、生动、形象的数字媒体形式展现在读者面前,是让文物"活"起来的一种实践,这种方式使文物能最大限度有效地传播,让一个个有故事的文物鲜活地留存在人们的脑海里。数字技术与图文的结合改变了传统书籍中人与文物中单项传递的局限,比从文字和图片中感知历史知识更容易让人理解,满足了读者多元的阅读需求,扩展了传统图书的内容,让科普读物更为形象、生动,同时从感官着手,刺激读者对其产生丰富的观感体验,更加生动形象地展示文物的全貌和细节。

本书的出版得到了上海市新闻出版专项资金(数字出版)的资助,在此深表感谢。感谢河南省安阳市文物局李晓阳局长给予的大力支持和帮助。感谢中国社会科学院考古研究所安阳考古站岳宏斌研究员、岳占伟副研究员、安阳博物馆馆长周伟为本图书提供的大量难得的图片与文献资料。感谢上海大学出版社傅玉芳女士为本书的出版所付出的辛勤劳动。感谢上海大学我的研究生丁梦莹、张梦涵、刘明宽、周艺璇为本书做出的贡献。

限于作者水平,书中难免会有疏漏和不足之处,期待各位专家、读者给予批评指正。

柴秋霞
2021 年 1 月于复旦大学文物与博物馆学系

目 录

第一章　殷墟的由来
1.1　商族起源　　　　　　　　　　　　　　3
1.2　王朝兴亡　　　　　　　　　　　　　　6
1.3　国家与社会　　　　　　　　　　　　　9
1.4　经济与生活　　　　　　　　　　　　　13
1.5　宗教与祭祀　　　　　　　　　　　　　17

第二章　殷商青铜兵器的发现

2.1	创始阶段	28
2.2	发展阶段	30
2.3	兴盛时期	32

第三章　殷墟的展示与保护

3.1	殷墟遗址的保护现状	36
3.2	殷墟遗址的展示形式	39
3.3	殷墟遗址保护与展示的成效	54

AR+ 使用说明　　　　　　　　　　　　　66

AR+
殷墟

青銅
兵器

第一章
殷墟的由来

殷墟，位于中国历史文化名城——河南省安阳市西北郊，横跨洹河南北两岸。古称"北蒙"，又称"殷虚""殷邑"，甲骨卜辞[1]中又称为"大邑商""商邑"，是中国商代晚期的都城，也是中国历史上第一个有文献可考并为甲骨文和考古发掘所证实的古代都城遗址（图1-1、图1-2），距今已有三千余年的历史。

自公元前13世纪盘庚迁殷[2]，到公元前1046年帝辛[3]亡国的250余年间，这里一直是商王朝晚期的政治、经济、军事、文化中心。牧野之战[4]及三监之乱[5]后，殷墟沦为废墟，绵续了500余年的商王朝至此退出了历史舞台，隐匿在扑朔迷离的史料中，甚至成为神话传说中光怪陆离的时代。这个三千多年前的伟大王朝究竟是什么样的面貌？接下来就让我们循着它在历史旷野上留下的脚步声，一步一步地阅读和感知那过去的辉煌与悲歌。

1. 甲骨卜辞指中国商周时期刻在龟甲兽骨上记录占卜的文字。
2. 盘庚迁殷指盘庚继位后，为了挽救政治危机，决定迁都于殷（今河南安阳），今殷墟遗址。
3. 帝辛（约公元前1105—前1046年），商朝末代君主，帝乙少子，世称殷纣王、商纣王。
4. 牧野之战，是武王伐纣的决胜战，是周武王联军与商朝军队在牧野（今淇县南、卫河以北，新乡市附近）进行的决战。
5. 三监之乱指帝辛之子武庚联合周人少数贵族反抗周公的叛乱，后为周公平定。

图 1-1　殷墟小屯宫殿宗庙区鸟瞰图　　　　　　　　　　　　　　图 1-2　甲骨卜辞

1.1 商族起源

国学大师梁启超在他的《历史上中国民族之观察》一文中曾经讲道:"凡国家皆起源于氏族,族长为一族之主祭者,同时即为一族之政治首领。"[1] 商朝起源于五帝时期的一支古老氏族,其第一位氏族首领叫"契"[2],即商人的始祖。

"天命玄鸟,降而生商,宅殷土芒芒。"《诗经·商颂·玄鸟》从一个感孕而生的神话故事讲述契的出生。在神话传说中,有娀氏部族的简狄因吞食玄鸟卵感孕生下了契,商人的始祖契无父而生。

契生活的尧舜时期,是传说中洪水滔天的年代。舜帝任命契为司徒,辅助大禹治水有功,被封于"商"地,其部族就被称为商族。考古学资料显示,商族先民发祥于太行山东麓的古漳水流域(甲骨文中称为滴水、商水),大致在今天的河北、河南、山东三省交界一带。由来自北方的有娀氏与中原东部的高辛氏融合而形成,在形成过程中又不断吸收周边文化,以商族为主体人群创造的考古学文化称为"先商文化"或"下七垣文化"。比较典型的有河北邯郸磁县下七垣遗址和河南鹤壁淇滨区刘庄遗址。

---

[1] 梁启超:《历史上中国民族之观察》,《国史研究六篇》,中华书局1947年版,第1页。

[2] 契(生卒年不详),子姓,名契,又名卨,别称"阏伯"。契是帝喾与简狄之子、帝尧异母兄。被帝尧封于商(今河南省商丘市)主管火正,其部族以地为号称"商族",契为商族始祖,是商朝建立者商汤的先祖,后世尊称其为"商祖""火神"。

1.2 王朝兴亡

先商时期,由契传至商汤[1](图 1-3),共 14 代,这个阶段相当于古代历史中的夏朝时期。公元前 1600 年,时值夏桀[2]在位,桀昏庸无道,诸侯群起反之,在商汤的带领下发动了"鸣条之战"[3],推翻了夏桀残暴的统治,并回师亳邑正式建立了中国历史上第二个王朝——商朝[4]。

商朝立国 550 余年,据《史记·殷本纪》[5]记载,自商汤灭夏到纣王亡国共有 17 代 31 位商王,据出土的甲骨文考据,继位的商王共有 29 位。在王位的继承制度上,商朝以父死子继为主,间或有兄终弟及的现象。王位从商汤传至仲丁[6]之后,兄终弟及的继位方式引发了商王室内部关于王位继承的激烈争夺,加之东夷部族的叛乱,商朝陷入了混乱。王位继承诱发的社会矛盾持续近百年,这个历史阶段被史书称为"九世之乱"。

1. 商汤(约公元前 1670—前 1587 年),即成汤,子姓,名履。河南商丘人,汤是契的第十四代孙,主癸之子,商朝开国君主。
2. 桀(?—前 1600 年)姒姓,夏后氏,名癸,一名履癸,谥号桀,史称夏桀,帝发之子,夏朝最后一位君主,是历史上有名的暴君。在位 52 年(夏商周断代工程中预测为公元前 1652—前 1600 年),都于斟(今河南洛阳)。
3. 鸣条之战是夏朝末年(约公元前 1600 年)在商灭夏的战争中,商汤率领商部落士兵与夏军在鸣条(山西夏县之西)进行的一场决战。
4. 商朝(约公元前 1600—前 1046 年),是中国第一个有直接的同时期的文字记载的王朝。
5.《殷本纪》是西汉史学家司马迁创作的《史记》中的一个篇章。20 世纪初,王国维通过甲骨研究,证实了《殷本纪》的可信性。
6. 仲丁(生卒年不详),亦作中丁,子姓,名庄,商王太戊之子,商朝第十任君主。仲丁在其父太戊死后继位,在位 13 年。

图 1-3 商汤像

殷墟由来

商王仲丁到盘庚[1]在位的百余年间,商朝的统治者们为解决内外交困的问题,开始反复迁都。东汉时期著名的科学家张衡在他所著的《西京赋》中这样写道:"殷人屡迁,前八而后五。"据史书记载,商汤居亳之后,仲丁盘庚间的数次迁都分别是:仲丁迁隞、祖乙迁邢、河亶甲迁相、南庚迁奄、盘庚迁殷。

《竹书纪年》[2]中记载:"自盘庚徙殷,至纣之灭,二百七十三年,更不徙都。"夏商周断代工程中结合考古学、史料学、天文历史学等诸学科研究的成果认为,盘庚迁至殷即安阳市西北郊后直至纣王被推翻为止共建都555年,历八代12位国王。

盘庚迁殷之后,历经小辛、小乙两位商王,商朝的统治权力传到了武丁[3]的手中。武丁在位的59年间,任用刑徒出身的傅说[4]担任宰相,辅佐朝政,推行德政,开疆拓土,励精图治,使商朝成为包含众多部族的泱泱大国,史称"武丁中兴"。

---

1. 盘庚,甲骨文作般庚,生卒年不详,子姓,名旬,商王祖丁之子,阳甲之弟,商朝第二十位君主。
2. 《竹书纪年》是战国时期魏国史官所作的一部编年体通史。
3. 武丁(?—前1192年),子姓,名昭,商王盘庚之侄,商王小乙之子,商朝第二十三任君主,夏商周断代工程将武丁在位时间定为公元前1250年—前1192年。
4. 傅说(约公元前1335—前1246年),傅氏始祖,古虞国(今山西平陆)人,殷商时期著名贤臣。

商代晚期，周族[1]在西部崛起，东夷和淮夷的反叛，最终使得商朝腹背受敌。公元前1046年，周武王[2]发动牧野大战，伐纣灭商，纣王兵败退登鹿台，蒙玉衣自焚而死。一代枭雄，身死国灭，周朝取而代之。

周武王灭殷之初，为分散商人力量，防止商人图谋复国，对商人主要采取抚柔政策，将殷商王畿分为邶、鄘、卫，让纣子武庚继续"守殷祀"。同时，周武王将弟弟管叔、蔡叔、霍叔分封在殷墟附近，监视武庚，史称"三监"。牧野大战两年后周武王去世，周成王继位，周武王的弟弟周公[3]摄政。这引起了同姓贵族的猜忌。管叔联合蔡叔、霍叔诸弟以讨伐周公篡位为名发动叛乱。为了扩充力量，管叔还联合对周人尚未完全归服的殷遗和东夷一起参加叛乱，即"三监之乱"。

面对风雨飘摇的局面，周公"内弥父兄，外抚诸侯"，极力弱化周人本身之间的对立，强调商人的复国意图，把斗争的矛头指向商人，同时积极联络有影响的大臣，其中最重要的有召公和太公，以求共同面对危机。然后，周公再次出兵殷墟，史称"二次东征"。

周人代商而兴，采取各种措施镇压安抚殷代遗民。周公二次东征时，除了俘获战利品之外，还伴随着焚烧殷都建筑、盗掘王陵等行为，以达到"以绝殷祀"的目的。原来殷地上的"殷顽民"被大批分封、迁徙他处，殷都就此破败为废墟。

---

1. 周族，属于姬姓部族，发祥于关陇地区，以熊(大人)为图腾，父、母系分别是黄帝有熊氏和炎帝后裔有邰氏，为姬姓与姜姓长期通婚之后裔。
2. 周武王(？—前1043年)，姬姓，名发(西周青铜器铭文常称其为珷)，周文王姬昌与太姒的嫡次子，岐周(今陕西岐山)人，周朝的开国君主，在位15年。
3. 周公(生卒年不详)，姬姓，名旦，是周文王姬昌第四子，周武王姬发的弟弟，曾两次辅佐周武王东伐纣王，并制作礼乐。因其采邑在周，爵为上公，故称周公。

1.3 国家与社会

商朝是一个高度发达的等级社会。商王是王朝的最高统治者，集军权、神权和族权于一身，是奴隶主贵族阶级的总代表，商王既是世俗权力的集中体现者，是政治领袖，也是群巫和祭司之长，是神与人的中介，甲骨文中自称"余一人"或"一人"，表示普天之下，唯我独尊，具有至高无上的权力。商朝的贵族统治阶级，包括在中央王朝的王廷贵族和控制地方的方伯、诸侯。平民则是商代社会的主体，甲骨文中称之为"众"或"众人"。

为了实现对国家的有效管理和统治，商朝全面继承了夏朝的国家机器和政治经验，建立和完善了一整套以商王为核心、具有多个层级管理的职官体制。

1.3.1 职官体系

（1）内服官

内服官指在商朝王畿[1]内任职的官员。根据其执掌分为主要负责王朝政务或事务的外廷官和主要负责商王族生活的内廷官。

外廷官　　　　　　　　　　**内廷官**　专为商王族的生活提供服务，包括后、妇、宰、多食、卤小臣、寝、小疾臣等。

政务官
负责处理日常政务的各级行政职官，如：一相、双相、三公（辅政主官），多君、多尹（王朝决策机构），史（王朝联络官），多生（地方政务官、族长）等。

宗教官
从事占卜、祭祀和文化活动的职官，如：贞人、巫、作册等。

事务官
负责执行的官吏，主要掌管生产事务，如：掌管农业生产的职官：小藉臣、小刈臣；掌管畜牧业的职官：牧、犬、刍正；掌管建筑工程及手工业的职官：司工、百工等。

武官
各级将领与其他侧重武职的官职，如：师长、亚、马、射、戍等。

（2）外服官

外服官包括侯、甸、男、卫、邦伯等，多由商王诸妻、诸子、功臣及臣服于商的部族首领担任。在商朝王畿之外存在的诸侯、方国，大多是早就居住在那里的氏族或部落。在商朝兴起过程中，它们大多臣服于商朝并成为"诸侯"。"方国"一词来源于甲骨文中的"方"，广义的"方国"泛指所有的国，与中原王国对称；狭义的"方国"则只指那些称"方"的国。据统计，甲骨文中所见的商代方国有 157 个。商朝与方国的关系可分为只与商朝为敌、与商朝时敌时友、一直与商朝为友三种，其中只与商朝为敌的方国最少，一直与商朝为友的方国最多。这种友好关系是以方国臣属于商朝为前提的，卜辞中称方国为臣。商朝与臣服的方国之间是统属与被统属的关系，是上下级的关系。时敌时友的方国占总数的三分之一，证明商朝与方国统属关系的松散性。

---

1. 畿指靠近国都的地方。

1.3.2 军队体制

与商朝的"内外服"政治体制相对应,商代的武装力量体制,大体分为畿内王室军队、畿外诸侯方国军队、"兵农合一"的非常设"族兵"三大系统。商代兵种主要有车兵、骑兵和步兵三种,王室军队还有舟兵。商代王室军队的组建以"师"相称,商王是师的最高统帅,故王室军队又称作"王师""我师""朕师"。师的编制单位为三师制,分中、右、左(图1-4)。师的兵员人数以万人比较接近实际,三师应有3万人。兵员来源主要从王邑及畿内各要邑内作为"邑人"中坚的宗族或家庭成员中挑选,属于常备军团。

商代畿外诸侯或方国的军队系统,通常冠以其所在族氏名、地名或国名而称之为"某师"。畿外诸侯之师的规模均较小,可视为商朝的地方军队。但方国之师独立性较强,军队编制也颇有规模。

图1-4 "王作三师"刻辞(《合集》33006)

1.3.3 法律制度

商代已经形成了初具规模的法律制度,出现了针对官员、军队和一般社会成员的分类法律。也出现了较完备的五刑并建立了监狱。《礼记·表记》:"殷人尊神,率民以事神。先鬼而后礼,先罚而后赏,尊而不亲。"意思是说商人尊崇鬼神,重鬼神而轻礼仪,重刑罚而轻奖赏。(图1-5)

图1-5 戴枷陶人(男子枷首于背,女子枷首于前,安阳小屯出土)

1.4 经济与生活

1.4.1 居住方式

人的生活居住方式，以"族"为单位，形成一个个居民点。商代称居民点为"邑"。由于当时的"邑"是按宗族关系形成的，考古学家喜欢将它们称为"族邑"。商人死后，也以"族"为单位，埋葬在"族邑"附近。至于商朝晚期的都城殷墟，商人将其称为"大邑商"（图1-6），实际上是由诸多的小型族邑组成的。

图1-6 "大邑商"刻辞（《甲骨文合集》36530）

1.4.2 农业与畜牧业

农业是商代经济的基础，是商代人们衣食的主要来源。我国传统的农作物种类，即所谓的"五谷"，在商代皆已齐备。商代在农业生产工具、耕作技术、农业管理等方面，都有新的发明创造，成为我国传统农业技术宝库中的精华（图1-7）。

商代具有发达的畜牧业，渔猎经济也占一定的分量。商代家畜品种已较为齐全，今日的"六畜"在商代都已经有了。商人积累了丰富的饲养牲畜的经验，掌握了一套实用的畜牧业生产技术。畜牧和渔猎经济，为商人提供了肉食及祭祀时的大量用牲。

铜锛

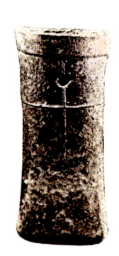
铜镢

图1-7 商代铜锛、铜镢

1.4.3 手工业

商代有发达的手工业,不仅门类齐全,而且产品数量多、质量好,是我国手工业发展的第一个高峰期,奠定了我国手工业生产领先世界达两千多年的基础。

考古发掘显示,商代重要的手工制造业有青铜器(图1-8)、建筑、陶瓷器、纺织、玉器、骨角牙器、酿酒、漆木器及皮革。甲骨文中的"百工""多工",表示手工业种类分工细密,数量众多。

图1-8 商代青铜器中的精品

陶器是商代平民百姓的主要日常生活用器。当时陶器是交换的商品,制陶业内部有固定的分工,制陶技术更是精益求精。从陶器到白陶,到原始青瓷的出现,是陶瓷史上的一次飞跃。商朝原始瓷(图1-9)的发现,把中国发明瓷器的历史至少提早到三千多年前的商朝早期时代。

图1-9 殷墟出土原始瓷

1.4.4 贸易

商代的贸易形式，既有以物易物的交换，同时也有货币。原产东南沿海的海贝是当时的通行货币（图 1–10），商人在海贝的前端琢出一个小孔，即用于交易。

甲骨文中，常见"赐贝""取贝"的记录，贝作为货币至少有"枚"和"朋"两种计量单位。借助与周边地区交通干道的开通，商代的贸易与贡赋活动变得比较活跃。比如：新疆的和田玉及辽宁的岫岩玉及中国东部和南部沿海的海贝、龟甲、鲸鱼骨等输入到中原地区，西方的马车制造技术引进中原，中原地区的铜器流通到广西，牙璋流通到福建、广东、香港等地，甚至越南红河地区。

图 1-10　商代贝与货币

1.5 宗教与祭祀

在人为灾害和自然灾害面前，商人常常感到恐惧和无能为力。因此，商人笃信鬼神，但凡遇有大事，必向逝去的祖先或其他神灵卜问，用人和其他动物作为祭品，乞求神灵的力量来庇佑他们。甲骨文中记载了商人对其所信仰的各种神灵进行的种类繁多、名目复杂的祭祀，考古发现也为商代残酷的杀牲祭祀制度提供了实证（图1–11）。

图腾崇拜是人类宗教的起源。"天命玄鸟，降而生商。"商人认为始祖契是由有娀氏之女简狄吞食玄鸟卵所生，这是商人把对自然物——玄鸟的崇拜和对祖先——契的崇拜相结合，从而产生了自然崇拜与祖先崇拜相结合起来的最古老的宗教崇拜形式——玄鸟图腾崇拜。比如王亥[1]在商族的历史上起了重要的作用，他驯服了牛，发明了用牛驾车的技术，促进了商人畜牧业的发展，商人便把高祖王亥视为商部族的伟人和英雄，将鸟图腾的符号加在"亥"字上，以视对他的重视与尊崇。

图1-11 "帝令雨"刻辞（《合集》5658）

1. 王亥（公元前1854—前1803年），子姓，又名振，夏朝时期商丘人，商族。他是商国的第七任君主、阏伯的六世孙、冥的长子，是王姓始祖。

商代的宗教，以社会物质生活、精神生活和王权政治的整合为要素，支配着人们的社会生活和精神生活。商代形成的超自然神上帝、天地自然世界诸神及祖先神祇、地下鬼魅的三大信仰系统，崇拜的神灵大致可以分为天神、地神、人神三种，承前启后，成为中国古代固有宗教观念的发展模式。

在商人的心目中，天神上帝或帝是主宰着天上、人间一切事物的至上神，有着至高无上的权能：主宰着大自然的风云雷雨、水涝干旱，决定着庄稼的生产、农业的收成；它处在天上，能下降城邑，作为祸害；邻族来侵，商人以为是帝命所为；出师征讨，必先卜帝是否授佑。总之，商人认为上帝虽居天上，但能给人间以福祸灾疾，能直接护佑或作孽于人间。

商人心目中的天神帝廷组合的情况是：上帝指挥四方神，四方神再指挥雨神、风神、云神、日神。上帝通过四方神操纵着雨神、风神、云神、日神等神灵，上帝是意志的决定者，不是具体的实行者，四方神才是上帝意志的具体实行者。

《风俗通义·祀典》："社者，土地之主。土地广博，不可遍敬，故封土以为社而祀之，报功也。"《白虎通义》："社者，土地之神也，土生万物，天下之所主也，尊重之，故自祭也。"由此可知，古人之所以立社以祭土地神，是因为土地是他们生存的来源。商代的社以石或木为主，商人祭祀社的方法主要是用燎祭[1]、伐祭[2]、禘祭[3]。

1. 燎祭，殷商时期把玉帛、牺牲等放在柴堆上焚烧的祭祀礼仪。
2. 伐祭，商朝奴隶主统治者砍下奴隶的头作为祭品的祭祀礼仪。
3. 禘祭，古代对天神、祖先的祭祀礼仪。

在商人的观念中，人的灵魂是不死的。商人认为，死去的祖先会成为神，灵魂会回归上帝之所，成为传达上帝意志的"宾客"，既能将人间的愿望转告于"帝"，也能降祸降灾或赐福于人间。因此，商王特别重视祭祀祖先。商朝后期，更发展出"周祭制度"，把先祖先妣分成大示和小示等若干组，周而复始地祭祀。

商人对先公先王及其配偶进行着频繁而隆重的祭祀（图1-12），但也存在着重视直系先王、轻视旁系先王以及立嫡立长的现象，反映出在我国商代已经有了区分嫡庶、亲疏的宗法制度的雏形。商人对祖先按世系先后进行祭祀的制度，又开辟了中华民族记祖、尊祖、敬祖制度的先河。

图1-12 殷墟王陵区祭祀遗存

商代占卜方法以龟甲和牛肩胛骨的甲骨占卜最为盛行。商人占卜活动频繁（图1-13），几乎每事都要问卜，并逐渐形成了固定的占卜程序。商朝甲骨卜辞记录了占卜的原因和结果，内容丰富，涉及田猎、收成、天象、祭祖、征伐、垦荒和疾病等，使后人可以更全面了解商朝的社会状况。

岁月流转，朝代更迭，商朝的勃兴与颓败，只是历史长河中的短短一瞬。商朝虽然离我们远去，但是它所创造的科技、艺术、文字、礼仪制度对华夏文明的形成与发展产生了深远的影响。让我们揭开历史帷幕，吐纳昔日辉煌，讲述千载史篇；让我们看见历史、感受历史、思考历史，让商朝创造的灿烂文化成为中华民族的永恒记忆！

殷墟由来

图 1-13　殷墟花园庄东地甲骨坑

兵器 青銅

AR+ 殷墟

第二章 殷商青铜兵器的发现

殷墟青铜兵器，主要有收藏品和发掘品两大类。收藏品多为盗掘，出土地点不详；发掘品大多出土于墓葬、车马坑、杀殉坑，遗址中发现的占极少数。从已发表的资料来看，殷墟青铜兵器主要出土于以下几个墓群：

西北岗王陵区大墓及祭祀坑，殷墟西区墓地，后岗墓葬群，大司空村东南地墓葬群，苗圃北地铸铜遗址墓葬群，三家庄东墓葬群，刘家庄南墓葬群，戚家庄东南墓葬群。

20世纪80年代至90年代初，中国社会科学院考古研究所安阳队和安阳市文物考古研究所在西北岗、武官南地，后岗、大司空村东南地、东地、北地，高楼庄南地，郭家庄西地，刘家庄南地、北地，梅园庄东南地，孝民屯南地，戚家庄东南地，梯家口西地，苗圃北地，王裕口南地，花园庄南地又清理大批墓葬，出土了不少青铜兵器。

殷代车马坑（图2-1、图2-2），也是出土青铜兵器的重要单位。从1928年开始，共发掘了40余座，根据目前发表的资料，随葬青铜兵器的有10多座，分布在小屯宫殿区、大司空村、白家坟西北地、郭家庄等地。

对殷墟青铜兵器的科学研究始于1928年中央研究院历史语言研究所发掘殷墟之后。时至今日已近一百年，这一课题已摆脱了单纯金石学的著录、考证而走向了全面、综合的研究。我们把这一研究历史分为创始、发展、兴盛三个阶段。

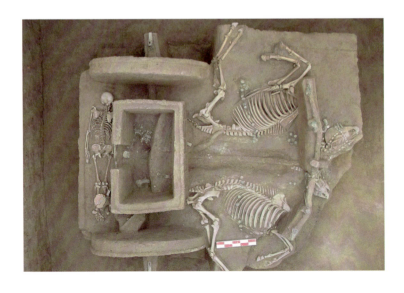

图2-1 殷墟车马坑

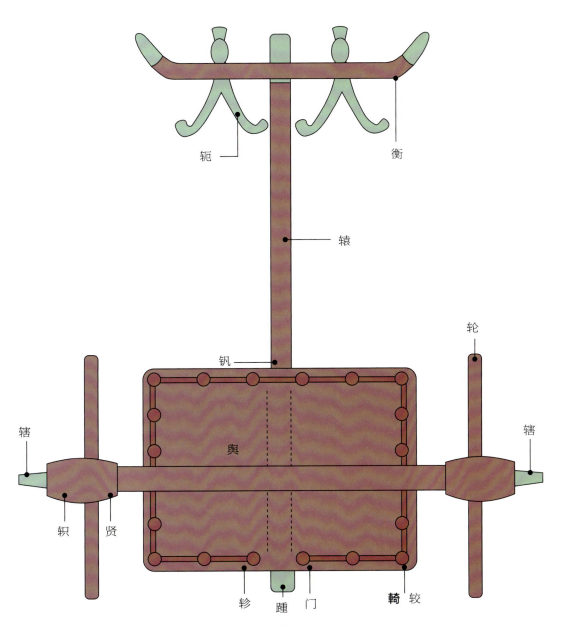

图 2-2　殷代马车各部分名称及其位置图

2.1 创始阶段

从 1928 年至 1950 年,为殷墟青铜兵器研究的创始阶段,代表人物为李济先生[1]、石璋如先生[2]。

1929 年中央研究院历史语言研究所完成了第二次殷墟发掘之后,李济先生即在《俯身葬》[3]一文中对随葬的铜戈进行了科学研究,初步排出了从石器时代无穿无胡石戈到战国时代有穿有胡铜戈的发展演变规律。这一成果,已被后代考古发现所证实,其可谓殷墟青铜兵器考古学研究的开山之作,具有十分重要的意义。之后李济先生的《殷墟铜器五种及其相关问题》[4](图 2-3)、《记小屯出土之青铜器(中篇)·锋刃器》[5]、《豫北出土青铜句兵分类图解》[6]等文,对殷墟出土的青铜刀、戈、矛、镞等都进行了型式学考察,发现了戈、刀演变的大致规律,并分析了青铜兵器的金属成分。由于采用发掘资料,大大提高了殷商兵器研究的科学性。

1. 李 济(1896—1979),湖北钟祥郢中人。中国现代考古学家、中国考古学之父。1928—1937 年,主持的震惊世界的河南安阳殷墟发掘,使殷墟文化由传说变为信史,并由此将中国的历史向前推移了数百年。
2. 石璋如(1902—2004),河南偃师人,中国著名考古学家、历史学家、甲骨文研究专家。
3. 李济:《俯身葬》,载《历史语言研究所专刊》1931 年。
4. 李济:《殷墟铜器五种及其相关问题》,载《李济学术文化随笔》,中国青年出版社 2000 年版。
5. 李济:《记小屯出土之青铜器(中篇)·锋刃器》,载《考古学报》1949 年第 4 期。
6. 李济:《豫北出土青铜句兵分类图解》,载《历史语言研究所集刊》1950 年。

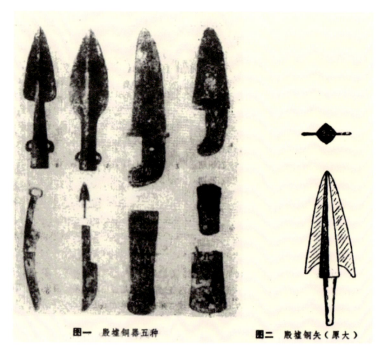

图 2-3 李济《殷墟铜器五种及相关问题》一文中的插图

1950年，石璋如先生在《小屯殷代的成套兵器》[1]（图2-4）首次提出并讨论了殷墟青铜兵器的组合，推测殷代不同兵种、不同等级的兵器组合方式等问题。角度之新，前所未见。此外，本时期还有陆德懋先生的《中国上古铜兵考》[2]、马衡先生的《戈戟之研究》[3]、郭宝钧先生的《戈戟余论》[4]、黄濬先生的《邺中片羽（1—3集）》[5]等论著也涉及殷墟青铜兵器。

应该说，本时期的研究角度还是比较全面的。既有类型学的研究，又重视到组合、金属成分诸方面，同时又与文献相结合加以考释。但现在看来，当时所作的类型学分析、组合研究及金属成分分析仍有一定的时代局限。

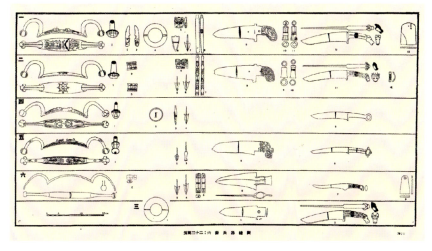

图 2-4　石璋如《小屯殷代的成套兵器》一文中的插图

1. 石璋如：《小屯殷代的成套兵器》，载《历史语言研究所集刊》，1950年。
2. 陆德懋：《中国上古铜兵考》，载《北京大学国学季刊》1929年第2期。
3. 马衡：《戈戟之研究》，载《燕京学报》1929年第5期。
4. 郭宝钧：《戈戟余论》，载《历史语言研究所集刊》1935年第3期。
5. 黄濬：《邺中片羽（1—3集）》，北平尊古斋1935—1942年版。

2.2 发展阶段

20世纪50年代到70年代，从新中国成立后到中国社会科学院考古研究所安阳队在"文革"结束后恢复工作，代表人物有郭宝钧[1]、陈梦家[2]、高去寻[3]。

郭宝钧先生的《殷周的青铜武器》[4]（图2-5），结合考古与文献资料，对殷周青铜兵器的名称、使用方法、发展演变都进行了考证和研究。

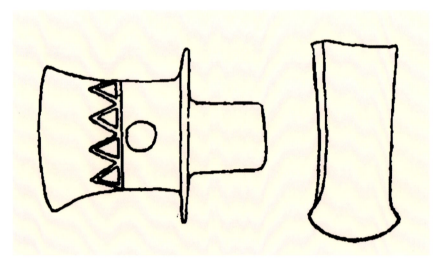

图2-5　郭宝钧《殷周的青铜武器》一文中关于大司空村出土铜钺的插图

1. 郭宝钧(1893—1971)，河南南阳人，著名考古学家。多次参加对河南安阳殷墟的考古发掘。
2. 陈梦家(1911—1966)，浙江上虞人，现代著名古文字学家、考古学家、诗人。
3. 高去寻(1909—1991)，河北安新人，毕生从事考古发掘及史前文化研究，撰写了众多中国考古报告集及考古学论文。
4. 郭宝钧：《殷周的青铜武器》，载《考古》1961年第2期。

陈梦家先生曾重新分析了殷墟青铜边刃器，对其定名、分类、铸造、分期和演变规律、功用等进行再思考，提出了不同于李济先生的边刃器研究意见。

高去寻先生通过整理1928—1937年发掘的殷墟西北岗一带所谓"刀斧葬"墓，系统化地研究了从中出土的各式殷代青铜刀。1964年，石璋如先生则在以前基础上著有《殷代的弓与马》[1]，讨论了殷代骑射问题。

此外，安阳考古队在其出版的田野报告中运用地层学、类型学原理，对殷墟青铜兵器进行了整理。

总的来讲，本阶段的研究进一步科学化，水平也大大提高。但相对于同时期的殷墟青铜礼器和陶器的研究，则显着力不足。其中大部分的研究集中于某次发掘所出土青铜兵器或某一类青铜兵器，未见全面、综合之作。

1. 石璋如:《殷代的弓与马》，载《历史语言文化研究所集刊》1964年。

2.3 兴盛时期

20 世纪 70 年代至今，为殷墟青铜兵器研究的兴盛时期，表现为学者众多、角度广泛、水平深入，其内容可以分专题化研究与综合性研究两个方面。

2.3.1 专题化研究

专题化研究一般多集中在青铜钺、戈、矛或刀之上。

杨锡璋、杨宝成在对商代青铜钺作了类型学的分析之后，简述了其用途及重要性。陈旭、杨新平归纳了商代青铜钺的出土情况，详细考察了青铜钺的多重用途。杜迺松则概述了青铜钺的类型和功用。刘一曼、李维明、陈振中的论文分别侧重于殷墟青铜刀的不同方面，其中以刘一曼的研究最为深入，分别对刀的种类、型式、用途作了不少独到的讨论。关于青铜戈、矛，杨锡璋、李健民和吴加安、沈融等的观点各有不同角度。杨锡璋量化统计了殷墟西区青铜戈、矛的数量，对殷墟各式戈、矛在各期的演变有了详细的认识，同时提出了关于戈、矛来源的独到看法；沈融则通过对青铜戈的复原来考察戈的使用方法。

近年山东滕州前掌大商周贵族墓地中出土了一批商代铜头盔，胡秉华将其同殷墟头盔进行了比较。陈芳妹通过对商后期青铜斧、钺的研究，提出了相互并存的两种斧、钺系统，并推究了各自的来源和发展方向，对殷墟青铜钺在全国范围内的位置有了一个高屋建瓴的认识。她还系统整理了现存于台湾"故宫"的商周时代的异形兵器，并对其文化背景作了研究。她的工作已跳出了单纯的器物研究而进一步探究其蕴含的文化，这对殷墟青铜兵器的研究是一个新的启发。

2.3.2 综合性研究

综合性的研究以陈志达、杨泓、陈旭三位为主。陈志达《殷墟兵器概述》[1]一书的第一篇专门总结殷墟兵器的概括性文章,涉及面较广;杨新平、陈旭的《试论商代青铜武器的分期》[2]综合研究了商周时代的兵器,找出了殷墟青铜兵器在整个商周时代青铜兵器中的地位及发展过程;杨泓先生的《中国古兵器论丛》[3]是一部重要的兵器史著作,而他的《商代的兵器与战车》[4]一文则专门研究了与战车相配套的青铜兵器。此外,台湾的文物收藏家王振华先生在收藏了不少商周青铜兵器之后,其与人合著的《商周青铜兵器暨夫差剑特展论文集》[5]一书中,收录了不少著名学者的研究文章,亦有重要的参考价值。

对此课题,外国研究者的数量和发表的文章相对较少,且大部分集中在日本学者梅原末治、冈崎敬、林巳奈夫等人。梅原末治的《河南安阳发现之古物》[6]《河南安阳遗宝》[7]涉及有殷墟青铜兵器,冈崎敬对殷墟青铜钺、矛的来源与发展作了探讨。林巳奈夫对中国青铜器编年作了研究,他的《中国殷周时代的兵器》[8]一书则是一部重要的著作,其研究水平当为日本学者中最高。其他外国研究者还有罗越、高本汉、裴居立和杨宁史等。

1. 陈志达:《殷墟兵器概述》,载《庆祝苏秉琦考古五十五年论文集》,文物出版社1989年版。
2. 杨新平、陈旭:《试论商代青铜武器的分期》,《中原文物》1983年特刊。
3. 杨泓:《中国古兵器论丛》,文物出版社1980年版。
4. 杨泓:《商代的兵器与战车》,中国商文化国际学术讨论会会议论文,1995年。
5. 王振华:《商周青铜兵器暨夫差剑特展论文集》,台湾历史博物馆1996年版。
6. [日]梅原末治:《河南安阳发现之古物》,《河南博物馆(馆刊)》1937年第6—10期。
7. [日]梅原末治:《河南安阳遗宝》,日本小林写真制版所出版部1940年版。
8. 林巳奈夫:《中国殷周时代的兵器》,京都大学人文科学研究所1972年版。

兵器青銅

AR+ 殷墟

第三章 殷墟的展示与保护

殷墟以独具风格、规模巨大、规划严饬的宫殿建筑和商王陵墓体现出恢弘的都城气派而卓绝一时，以制作精美、纹饰细腻、应用广泛的青铜器而闻名中外，以青铜冶铸、玉器制作、制车、制骨、陶器、原始瓷器烧造等高度发达的手工业而享誉世界，以造字方法成熟、表现内容丰富、传承有序的甲骨文而在世界文明史上独领风骚，其重要的历史、科学、艺术和文化价值，蜚声中外而又影响深远，是人类文明史上不可或缺、辉煌壮美、璀璨绚丽的一页，受到全世界的重视和保护。1961年3月，殷墟被国务院确定为首批国家重点文物保护单位，2006年7月13日，殷墟被第三十届世界遗产大会批准列入世界文化遗产名录。

3.1 殷墟遗址的保护现状

殷墟是中国20世纪以来发现的最重要的古代文化遗址。经过近100年的考古发掘和研究，殷墟先后发现了宫殿宗庙区、王陵区、众多的族邑、手工业作坊和上万座墓葬。近年来不断出现的新的重要发现证明，整个殷墟的地下遗存还远未罄竭，仍有许多未知的领域需要深入探索和研究。目前，殷墟已成为研究和展示中国古代文明的重要基地（图3-1）。

图3-1 殷墟博物苑

中华人民共和国成立后，在政府的努力下，殷墟遗址及出土文物均得到了妥善完好的保护，出土文物由国家文物研究和保护机构保存，遗址、遗迹在考古发掘后均采取了较严密的保护措施。1982年《中华人民共和国文物保护法》公布以后，安阳市每年都坚持不懈地组织形式多样的宣传活动，并于1995年颁布了《安阳市殷墟保护管理办法》。2001年9月，河南省第九届人大常委会第二十次会议审议通过了《河南省安阳殷墟保护管理条例》，并于2001年10月1日起施行。这些法规、管理条例的制定，增强了社会公民对文物保护的法规观念和参与意识。

殷墟保护范围内的绝大部分宫殿宗庙建筑基址、王陵大墓都采取了地下封存与地表植被覆盖相结合的方法进行保护；一些重要的遗迹如族邑、手工业作坊遗址在考古发掘后采取了地下封存的措施进行保护；另一些遗迹如王陵区祭祀坑则仅进行了钻探调查和有限发掘，大部分仍封存于地下；对一些较重要但不利于地下保存的遗迹，如车马坑遗迹则采取起取后集中保存的方法予以保护。为加强殷墟遗址的保护，20世纪80年代以来，安阳市在殷墟重点保护区的宫殿宗庙区、王陵区建成了殷墟博物苑和殷墟王陵遗址管理处，对宫殿宗庙遗址、王陵区大墓和一批祭祀坑等遗址采取建设遗址公园的方式进行了有效保护，使殷墟基本保持了原有的风貌，整个遗址保存基本完好（图3-2）。

图3-2 殷墟博物苑第一期工程竣工仪式

2001年,安阳市委、市政府决定殷墟申报世界文化遗产,安阳市对殷墟遗址的保护与展示,随着申报工作的进程而大规模展开。首先,根据国家文物局批复的殷墟保护规划,市政府投资1.8亿元,对殷墟周边环境进行了大规模的整治,先后拆迁各类不协调建筑21万平方米,搬迁居民、单位和商业门面688户,新建绿地19.7万平方米;其次,扩大了殷墟博物苑内的保护与展示范围,使殷墟博物苑面积由原来的不足10公顷扩大到28公顷,进一步充实完善了苑内的展示和参观内容,完成了凹字形基址、乙七、乙八、丙组基址、YH127甲骨窖穴(图3-3)、甲骨碑廊(图3-4)等复原展示和殷墟发掘史展厅陈列;建成两座高18米的仿商代阙楼、320米长的殷代纹饰雕墙和1350米长的木栅栏。同时,对王陵遗址也进行了扩建、保护和各种展示。通过整治,殷墟宫殿宗庙遗址与外围绿地已形成一个2000亩大的遗址公园,周边环境与殷墟历史文化氛围协调统一,受到来此参观考察的国内外游客和专家学者的一致好评。

图3-3　殷墟博物苑内的甲骨窖藏坑　　　　图3-4　殷墟博物苑内的碑林

3.2 殷墟遗址的展示形式

众所周知，殷墟遗址和文物主要埋在地下，如何将三千多年前的辉煌和价值展示出来并让公众理解，其难度很大。另外，殷墟的遗址基本上都属"土质"文物。通俗地说就是"土遗迹"，它们不适于展示，因此发掘出来后，通常采取"回填"的办法，将其重新埋入土中。然而，殷墟若要成为"世界文化遗产"，必须展示出遗址的"原真性"。完全将遗迹回填，如何让熟悉了欧洲、美洲和非洲众多"石质遗迹"（如金字塔）的联合国专家们相信安阳殷墟地表以下果真埋藏有丰富的商代遗迹？更重要的是，考古学必须向公众负责，老百姓有一万条理由要求一睹考古发掘之后的商代遗迹"风采"。

安阳市政府最早迎难而上。20 世纪 80 年代后期，安阳市政府在中国社会科学院考古研究所安阳工作站的支持和协助下，本着向社会展示商代遗迹的愿望，先在殷墟王陵区建成"王陵馆"，随后又在小屯宫殿宗庙区建成遗址公园"殷墟博物苑"。

2001 年，安阳市政府提出殷墟申报世界文化遗产后，在国家文物局、中国社会科学院考古研究所的直接指导下，在遗址展示具体方案上采取了更为严谨、科学的态度，每项整改措施都经过集思广益、反复酝酿，经专家论证后方形成决策实施。殷墟古遗址展示的形式，主要有以下几种：

3.2.1 地下封存，地上抬高模拟展示

殷墟地下遗址在发掘后绝大部分采用了"原地回埋、地下封存"的方法予以保护。就中国商代的土质遗址而言，这种保护方法是最为便捷有效的。为了提高此类遗址的可观赏性，在展示上主要做了如下探索：

殷墟由来

（1）地下封存，地上夯土台阶、柱墙抬高模拟展示

这是殷墟宫殿遗址展示的一种主要形式，即对已经发掘完毕和研究清楚的遗迹，采用将原址掩埋封存，然后在地上抬高 50 厘米左右，在其上对应位置复原夯土台阶、木柱桩和与建筑有关的祭祀坑遗迹，并设立中英文遗址标志说明牌。如宫殿区内的甲四、甲六、乙七、丙组基址（图 3-5）、凹字形宫殿基址等，均是采用此种形式。

图 3-5 丙组基址

（2）地下封存，地上抬高祭祀坑模拟展示

在原遗址上垫土覆盖地下的祭祀坑遗迹，适当抬高遗址的土层，在不损害地下遗迹的前提下，复原宫殿区内的宗庙祭祀坑和车马坑遗迹（图3-6）、王陵区殉葬坑等。透过玻璃罩，游客可以清楚地看到各种祭祀坑里殉人的骨骼和牛、马、羊、犬等兽骨遗存。

(3) 地下封存，地上植物或沙石标识展示

对已发掘清楚，且近期不计划复原重建的遗址和墓葬，在柱础位置栽植小叶女贞、侧柏等植物并修剪成圆柱形，在墙体和墓葬位置栽植柏树并修剪成墙状，表示建筑物和墓葬的规模、形式的展示方法，或直接用草坪和沙石标示夯土遗址的范围、面积和形状，如宫殿遗址的甲一、甲五、乙五遗址，王陵墓遗址的 12 座大墓等。

图 3-6　车马坑遗迹

3.2.2 原址原貌原形复原展示

鉴于殷墟遗址基本在地下、可视性不强的特点，专家在此采用了复原展示技术。对已经发掘完毕和研究清楚的遗迹，且今后不需重新发掘的遗址，采取原址原貌原形复原展示，直接再现当年发掘现场的情景，如妇好墓（图 3-7）、YH127 甲骨窖穴等，均是采用此种展示形式。

图 3-7　妇好墓复原场景

3.2.3 异地搬迁保护展示

在殷墟宫殿区外考古发掘中发现的科研、观赏、旅游价值比较高的遗物、遗迹，由于原址基建占地或过于零散不宜保护和参观的，采取异地搬迁保护展示，即在殷墟博物苑内选择合适位置，经钻探地下确无遗迹后，将他处发掘的商代遗迹整体搬迁过来进行保护展示，如殷墟车马坑展厅的马车（图3-8）和商代道路等遗迹均采用此种展示形式。

殷墟由来

图 3-8 殷墟车马坑展厅的马车

3.2.4 殷墟发掘历史展示

作为我国考古学的重要圣地，殷墟本身的考古发掘历史也可作为其旅游价值展示的重要组成部分。殷墟专门设立了发掘历史展厅，其展示的单元分为前言、殷墟的范围与布局、发掘简史、宫殿宗庙遗址、手工业作坊遗址、王陵区与重要的墓葬群、甲骨文的发现与发掘研究等，依据这些内容制作了殷墟沙盘、王陵区沙盘，陈列了有关文物展品。特别是发掘过程中考古工作者的各种工具陈列及工作笔记展示引起了很多游客对考古学的浓厚兴趣。（图3-9）

图3-9 仿殷大殿

3.2.5 殷墟博物馆文物集中展示

对于殷墟遗址出土的可移动文物则采用了博物馆集中保护展示的方法（图3–10）。殷墟博物馆的展厅分为都邑展厅、青铜器展厅、玉器和甲骨文展厅及特展厅。

都邑展厅主要展示商代的社会风貌、平民所用的生活用具以及部分殉葬用品，反映了商代农耕和狩猎的情况。

青铜器展厅主要展示殷墟出土的礼器，反映了商代的王权制度和等级分明的社会阶层。

玉器和甲骨文展厅是博物馆内展品最多、最精美的一个展厅，收集了60多年来陆续出土的玉器和甲骨文精品。特展厅展示了"国之重器——司母戊鼎"（图3–11）。

中国社会科学院考古所安阳工作站站长唐际根博士说："殷墟博物馆内展出的任何一件藏品，都价值连城，馆中的青铜器厅和甲骨文厅，不论是展品的品相，还是设计布局和格调，在全世界博物馆中都是最好的。"

图 3-10 殷墟博物馆开馆仪式

殷墟由来

图 3-11 司母戊大方鼎

3.2.6 考古知识的科普展示

在殷墟宫殿宗庙遗址，建有甲骨文科普长廊和碑林，用以普及甲骨文知识。殷墟甲骨文是汉字的鼻祖，在人类文明史上占有重要地位。由于甲骨文古奥艰深，不易释读，为了满足中外观光者的求知欲望，精选甲骨百余片，将其拓片放大处理，摹写镌石、契刻相应的释文、今译和英文（图3-12）。以寓教于游的方式，普及甲骨文知识和弘扬甲骨篆刻书法艺术。甲骨碑刻的内容，涉及殷商社会的方方面面。游客可以通过一块块甲骨碑来感受殷商文化氛围和博大精深的中华文明。

图 3-12　甲骨文科普长廊

3.3 殷墟遗址保护与展示的成效

殷墟文化具有都市、文字、青铜器三个要素，是激发民族自尊心和自豪感的最好的考古史料。为了继承优秀的历史文化遗产，依托文物遗址大力发展旅游产业，并以此为龙头带动相关产业的发展，安阳市委、市政府以殷墟申报世界文化遗产为契机，全力保护、展示和利用殷墟古文化遗址，取得了显著的成效。其主要表现在：

3.3.1 有效地保护了殷墟宫殿宗庙遗址，使其不再遭受自然和人为的损坏

殷墟宫殿遗址濒临洹河，长期以来由于洹水的冲刷和附近农民的起土挖沙，使沿河的遗址不断受到损坏。1987年，经国家文物局批准修建了殷墟博物苑。修建后，市政府投资对洹河（图3-13）大堤进行了全面的整治和维护，并植树种草保护河堤不受洹水冲刷。同时严禁在河堤起土挖沙，使宫殿区东部得到有效的保护，多年来没有遭受任何损坏。

近年来，市政府借助把殷墟宫殿、王陵遗址近千亩土地征用为国有，使其直接受政府管辖而不再遭受村民建房等因素的影响，有效地阻止了小屯村、花园庄向宫殿保护区的扩展，并投入巨资，将重点保护区内的688户居民动迁安置到保护区外。中国殷商文化学会原会长王宇信对此给予高度评价，称赞"保护殷墟是安阳的第一大功"。

图3-13　洹水

3.3.2 创新地复原殷墟宫殿、王陵遗迹，使其成为展示殷商文化的园地

在保护好殷墟遗址的前提下，利用各种不同的展示形式和方法把埋藏于地下的博大精深的殷商文化直观形象地表现出来，给今人以启迪和教育，并得到了国内外专家学者、游客和各级领导的高度评价。如世界遗产组织协调官员亨利·克利尔博士2002年10月4日在考察殷墟宗庙遗址展示时指出："这是一个大胆的创新，我在世界其他国家还没有见到过，非常有意思。"国家文物局局长单霁翔在视察殷墟博物馆后指出：殷墟博物馆的创办体制、建筑风格、展示内容都是创新，创建了"安阳模式"。2006年7月13日，在立陶宛维尔纽斯第三十届世界遗产大会上，殷墟申报项目在6分钟的时间里就顺利通过，这也充分证明了殷墟遗址保护和展示得到了世界遗产专家的高度认可（图3-14）。

图3-14 联合国世界文化遗产评估专家金秉模参观殷墟博物馆

3.3.3 广泛地宣传悠久灿烂的殷商文化，使其成为安阳市旅游业发展的龙头

殷墟作为重要的文化遗产，对大多数人而言，主要价值在于社会价值，在于考古成就的社会化，并主要表现为旅游价值，即让旅游者通过参观和欣赏得到知识的教育和美的享受（图3-15）。

游客满意度是检验文化遗产旅游价值是否实现的标尺。根据调查发现，游客对殷墟的展示满意度达到90%以上，说明殷墟目前的旅游价值展示比较成功。很多游客表示，到殷墟实地参观游览，是学习殷商文化知识最生动、最直接的途径，是最好的历史教科书。

总之，殷墟古遗址保护与展示的形式和方法已得到联合国科教文组织有关专家和国内外游客的认可和称赞，为适应国际古遗址保护的理念要求及中外旅游者的观光需求，我们要把殷墟申遗成功作为遗产保护与展示的新起点，不断完善殷墟遗址的保护和展示措施，使其真正成为古遗址保护与展示的典范。

殷墟由来

图 3-15 中学生集体参观殷墟博物苑

AR+ 殷墟青铜兵器（上）

AR+ 使用说明

一、下载与安装

1. 安卓系统：扫描以下二维码，下载安装"AR 殷墟青铜兵器.apk"。

百度网盘　　　　腾讯微云

2. 苹果系统：扫描以下二维码，根据视频教程下载安装"AR 殷墟青铜兵器 APP"。

二、使用方法

1. 在手机桌面点击 AR 殷墟青铜兵器的图标，进入 AR 殷墟青铜兵器应用程序。

2. 点击"始终允许"同意拍摄照片和录制视频的请求。

3. 点击"进入殷墟"。

4. 将手机摄像头对准书中标有"AR+"的图片。

5. 识别成功后,手机上会出现对应的三维模型和声音,可用手指拖动对模型进行旋转,点击模型会出现文物介绍等。

6. 点击"返回"可退出至初始界面。

AR+ 殷墟
兵器 青銅

AR+ 殷墟

青铜兵器（中）

细说兵器

柴秋霞　主编

上海大学出版社
·上海·

目 录

第一章　殷墟青铜兵器的型式

1.1 近搏兵器	2
1.1.1 戈	2
1.1.2 瞂	18
1.1.3 戟	24
1.1.4 钺	28
1.1.5 銎斧	38
1.1.6 刀	42
1.1.7 矛	50
1.1.8 短剑	62
1.1.9 铍	66

1.2 远射兵器和防护兵器	68
1.2.1 镞	68
1.2.2 胄	76

第二章　殷墟青铜兵器的组合

2.1　殷墟青铜兵器组合的特征　　　　　　　　　82

2.2　殷墟青铜兵器组合反映的一些问题　　　　　88

第三章　殷墟青铜兵器的纹饰与铭文

3.1　殷墟青铜兵器的纹饰　　　　　　　　　　　102

3.2　殷墟青铜兵器的铭文　　　　　　　　　　　113

3.3　殷墟青铜兵器纹饰与铭文的组合和特点　　　114

AR+ 使用说明　　　　　　　　　　　　　　　116

青銅兵器

AR+ 殷墟

第一章 殷墟青铜兵器的型式

1.1 近搏兵器

1.1.1 戈

戈是商代兵器中数量最多的一类，目前共发现2403件。《释名·释兵》有云："戈，句孑戟也。戈，过也。所刺捣则决过，所钩引则制之，弗得过也。"可勾，可啄，是戈的最大特点。

戈由戈头、柲、柲帽和鐏等部分构成（图1-1，1），其中柲多为木质，不易保存，而柲帽和鐏数量较少，所以通常所说的戈专指戈头。从前往后，戈头大体可分为援、阑、内三部分，每部分又有区分（图1-1，2）。根据这些特征，商代的青铜戈可以分为夹内、銎装两类装柲方式。

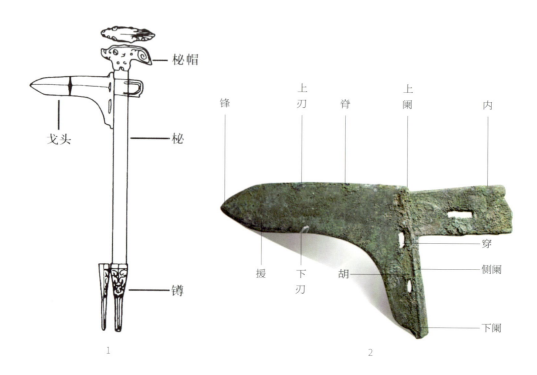

图1-1 铜戈的安装方式和各部位名称

（1）夹内式

按援与内的特征，可分为 A、B、C、D、E 五型。

A 型，直内，内部作长方形或梯形，按内后部有无小刺又可分为 Aa、Ab 两亚型。

Aa 型，可分为八式。

Ⅰ式，直长条形援，援中部略起脊，锋圆钝，上下窄阑均稍突出，援和内上各有一圆穿（图 1-2，1）。

Ⅱ式，直长条形援，援脊横断面为菱形或梭形，锋较Ⅰ式尖，上下阑突出较Ⅰ式长。援部较长，中脊突出（图 1-2，2）。

Ⅲ式，援作长条三角形，上下阑较上式长，上刃略下弧（图 1-2，3）。

Ⅳ式，援首圆钝，援渐变宽，上刃下弧度大，下刃上弧度小或较斜直（图 1-2，4）。

Ⅴ式，援首近圭形，援较宽短，上下刃弧度增大，下阑明显长于上阑，内多为梯形（图 1-2，5）。

Ⅵ式，援较上式窄，中脊更突出，内较上式稍长，仍处于援上部（图 1-2，6）。

Ⅶ式，器体厚重，内部下移至援部正中，内部变长（图 1-2，7）。

Ⅷ式，戈体整体较长，援中间起脊明显，长方形内横长，上无穿（图 1-2，8）。

细说兵器

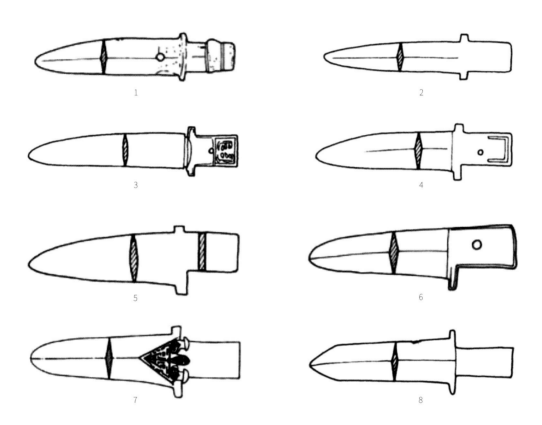

图 1-2 夹内式 Aa 型铜戈线描图

Ab型，长方形内略下倾，尾部外鼓，后有刺呈歧状，可分为六式。

Ⅰ式，援前窄后宽，中部起脊，上下阑稍出，内后部两面均铸一凹下的长方形框（图1-3，1）。

Ⅱ式，援身略宽，上下阑较上式长，尾部圆弧（图1-3，2）。

Ⅲ式，援身更宽，上下刃较弧，内上移（图1-3，3）。

Ⅳ式，援较长，中脊较上式更突出，内位置下移动（图1-3，4）。

Ⅴ式，援较宽长，下刃弧度增大，内上多有花纹，或有一穿（图1-3，5）。

Ⅵ式，长援微胡，援与内上端在一条直线上（图1-3，6）。

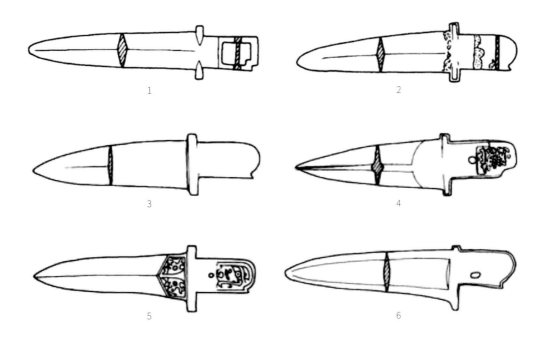

图 1-3 夹内式 Ab 型铜戈线描图

B 型，曲内，依据内尾端形态可分为 Ba、Bb、Bc、Bd、Be、Bf 六亚型。

Ba 型，曲内似磬折，可分为四式。

Ⅰ式，长条援，有上下阑，曲内前细后粗（图1-4，1）。

Ⅱ式，长条援，有上下阑，援上刃下弧度大，下刃斜直微带弧，内开始上移（图1-4，2）。

Ⅲ式，援变宽，中脊突出明显，下刃成弧形，下阑长于上阑（图1-4，3）。

Ⅳ式，援呈圭形，锋尖锐，援下刃内弧，无上下阑，内下移，有些为明器（图1-4，4）。

Bb 型，曲内后端为勾喙鸟形，镂空，顶有歧冠，可分为三式。

Ⅰ式，援上下刃略弧，尖喙大而外张（图1-4，5）。

Ⅱ式，援呈长条三角形，锋尖锐，曲内略呈上扬之势，且尖喙内收，有些体型轻薄（图1-3，6）。

Ⅲ式，下刃内凹明显，前锋尖锐，多为明器（图1-4，7）。

Bc 型，前锋尖锐，多无上下阑，曲内为极为简化的歧冠鸟首形或无冠方勾形。整体轻薄，制作粗糙，为明器（图1-4，8）。

Bd 型，后端弯曲为张口露齿的虎首形（图1-4，9）。

Be 型，内后端鸟喙上卷似象鼻（图1-4，10）。

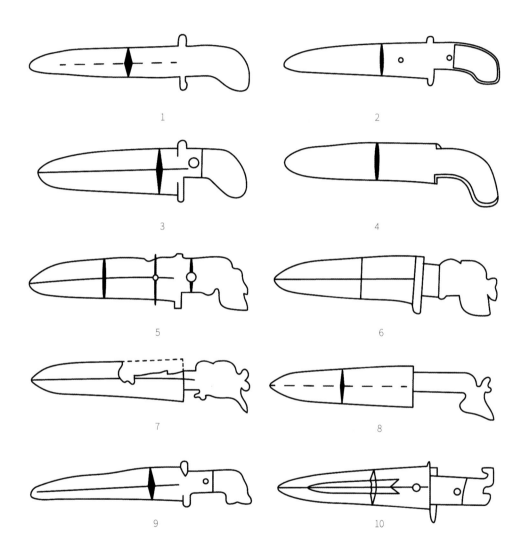

图 1-4　夹内式 B 型铜戈线描图

C 型，直内有胡戈，可分为 Ca、Cb、Cc、Cd、Ce 五亚型。

Ca 型，援下刃与胡的角度几近直角，援较宽短（图 1–5，1）。

Cb 型，援下刃与胡的角度呈钝角，可分为三式。

Ⅰ式，胡与内近乎直角（图 1–5，2）。

Ⅱ式，胡向内端下斜程度较上式大（图 1–5，3）。

Ⅲ式，胡向内端下斜程度较上式大，前锋较钝（图 1–5，4）。

Cc 型，形制与 Cb 型基本相似，胡与内的倾斜程度也与 Cb 型类似，但直内后有歧刺，可分为两式（图 1–5，5）（图 1–5，6）。

Cd 型，内末端为内凹弧，分为两式。

Ⅰ式，器体较大，有短胡，有兽面纹侧阑（图 1–5，7）。

Ⅱ式，援较长，短胡一穿，内部有凹形槽（图 1–5，8）。

Ce 型，直援较窄长，锋较圆钝，长胡三穿（图 1–5，9）。

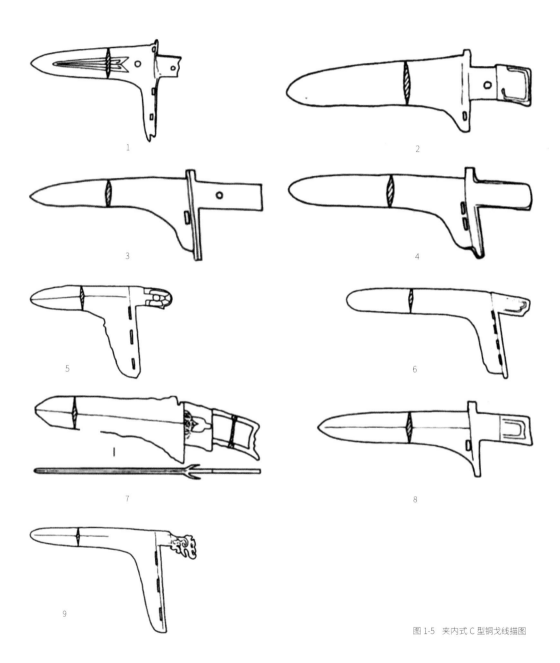

图1-5 夹内式C型铜戈线描图

D 型，刃部为连弧形或锯齿形，可分为 Da、Db 两亚型。

Da 型，上下刃有连弧状锯齿，锯齿突出（图 1-6，1）。

Db 型，援较宽，中部有向外的子刺（图 1-6，2）。

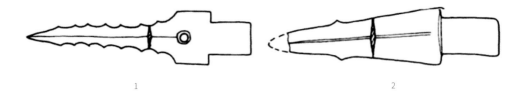

图 1-6　夹内式 D 型铜戈线描图

E型，宽援戈。直内宽肥，内端饰直线纹，通长22.3厘米（图1-7）。

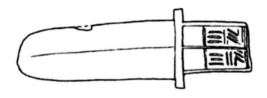

图1-7　夹内式E型铜戈线描图

（2）銎装式

根据内与胡的形状，可分为 A、B、C 三型。

A 型，无胡有銎，根据内后有无刺，可分为 Aa、Ab 两亚型。

Aa 型，内后无刺，可分为五式。

Ⅰ式，援、銎、内三部分连为一体，援与内无明显界限（图 1-8，1）。

Ⅱ式，援与銎、内分开（图 1-8，2）。

Ⅲ式，援、銎、内分界明显（图 1-8，3）。

Ⅳ式，长三角形援，前锋尖锐，中脊突出，内后端多有纹饰（图 1-8，4）。

Ⅴ式，援变宽短，下刃宽于上刃，下刃内弧明显，内上多无纹饰（图 1-8，5）。

Ab 型，内后端圆鼓，下有小刺，可分为两式。

Ⅰ式，前锋较钝，中脊突出（图 1-8，6）。

Ⅱ式，援变宽，上刃与下刃内弧明显（图 1-8，7）。

Ac 型，整体呈弧形（图 1-8，8）。

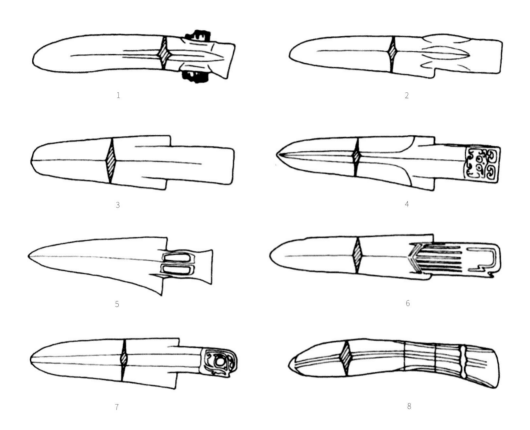

图 1-8 銎装式 A 型铜戈线描图

B 型，直内长胡，根据内后端有无歧刺，可分为 Ba、Bb 两亚型。

Ba 型，内后端无歧刺（图 1-9，1）。

Bb 型，内后端有歧刺。根据援与胡的交角程度分为两式。

Ⅰ式，援与胡的夹角近 90 度（图 1-9，2）。

Ⅱ式，援与胡的夹角为钝角（图 1-9，3）。

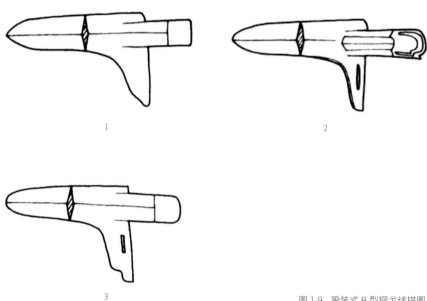

图 1-9　銎装式 B 型铜戈线描图

C 型，异形銎内戈，可分为 Ca、Cb 两亚型。

Ca 型，整体如矛状，援面有凹入的两个对称三角形饰（图 1-10，1）。

Cb 型，管銎戈（图 1-10，2）。

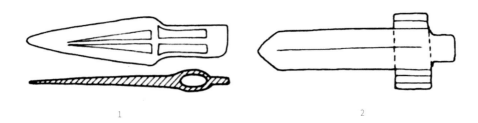

图 1-10　銎装式 C 型铜戈线描图

以上，为了增强铜戈的杀伤力和稳定性，戈的前锋越来越尖锐，内部不断向援中部移动，下缘不断加宽，产生了有胡穿孔戈。到了商末，有胡戈成了铜戈发展的新趋势。

1.1.2 羨

羨，又称戳或三角援戈，数量远少于戈，主要与仪卫功能有关。就考古发现而言，羨多见于关中、巴蜀地区，商文化区虽有发现，但数量并不多。（图 1-11）

图 1-11 铜羨

根据戣的形态特征，可分为 A、B、C 三型。

A 型，长方形直内，可分 Aa、Ab、Ac 三亚型。
Aa 型，无阑，可分六式。
Ⅰ式，形如戈，援较长（图 1-12，1）。
Ⅱ式，援、内均变宽，内上移且位于援上部（图 1-12，2）。
Ⅲ式，援变宽且下垂，内相对较小（图 1-12，3）。
Ⅳ式，等腰三角形援，前锋较圆，内略下移（图 1-12，4）。
Ⅴ式，援变宽，内下移至援中部（图 1-12，5）。
Ⅵ式，援变宽大，刃部直而宽（图 1-12，6）。
Ab 型，有阑（图 1-12，7）。
Ac 型，舌型（图 1-12，8）。

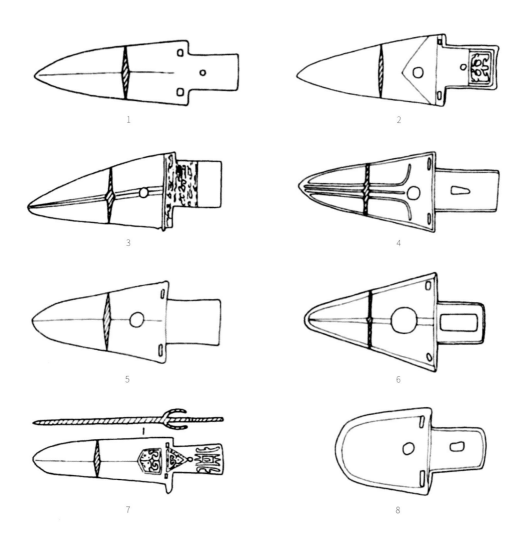

图 1-12　A 型铜戟线描图

B 型，曲内，内位于援上部，可分为 Ba、Bb 两亚型。

Ba，前锋较钝，援与内上各有一穿，内后饰夔纹（图 1-13，1）。

Bb，有鋬戈。援体呈长条三角形，内前端銎孔为椭圆形，后扁平向下弯曲（图 1-13，2）。

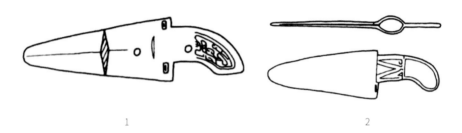

图 1-13　B 型铜戈线描图

C 型，内后有刺，可分为 Ca、Cb 两亚型。

Ca 型，近等边三角形援，长方扁平内，内上一穿，援上饰双头蜈蚣（图 1-14，1）。

Cb 型，舌形援，内较短（图 1-14，2）。

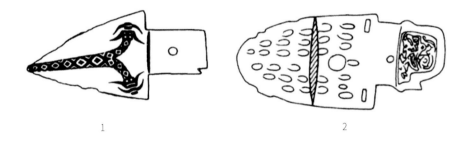

图 1-14 C 型铜戟线描图

可见，戟在商代晚期以前多样化，B 型、C 型是对 A 型的模仿或变异，到殷墟四期时基本统一形制，为直内式。

1.1.3 戟

《释名·释兵》:"戟,格也,旁有枝格也。"可见,戟的形状有枝,是一种集戈、矛或戈、刀功能为一体的兵器。

一器兼勾刺两用,作战性能显然优于戈和矛。戟的矛头又称刺,戈头又称援(图1-15)。

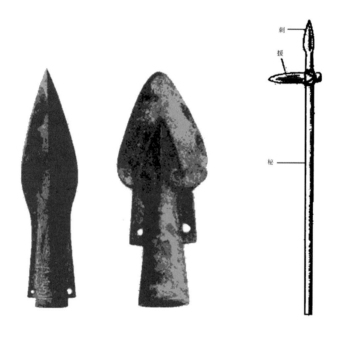

图1-15 铜戟及各部位名称

目前仅发现三件，可分为 A、B 两型。

A 型，1 件，分体戟，由戈、矛组成（图 1–16）。

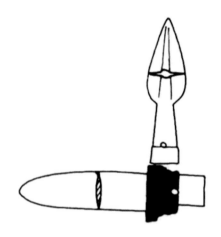

图 1-16　A 型铜戟线描图

B型，2件，合体浑铸。三角形长援，窄长胡，二穿，援中脊两侧有箭翼状血槽，向上延伸的戟刺向内部反卷成钩状，内上一穿（图1-17）。

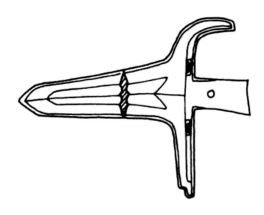

图 1-17　B 型铜戟线描图

1.1.4 钺

钺为砍劈类兵器，由斧发展而来。《说文》："戉，大斧也。"戉，即钺之古字。在商周时期，钺多用为礼仪性的刑杀之器，如《史记·周本纪》记载的周武王以铜钺斩下殷纣首级。（图1-18）

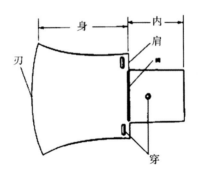

图 1-18　铜钺及各部位名称

目前共发现 198 件钺，依据装柄方式可分为夹内、銎装两种。

（1）夹内钺
按照内部有无绑缚的阑可分为 A、B 两型。

A 型，无阑，可按钺的体形与刃的形状分为 Aa、Ab、Ac、Ad 四亚型。

Aa 型，宽扁体，体型较大，制作精美，大多出自大中型墓葬，可分为五式。
Ⅰ式，呈梯形，方内极短小，平肩，两肩各有一小穿孔，器体饰镂空兽面纹（图 1–19，1）。
Ⅱ式，刃微弧，略束腰，内变宽（图 1–19，2）。
Ⅲ式，钺体较扁，内变宽，刃微弧，两角外侈（图 1–19，3）。
Ⅳ式，身两侧外弧较甚，弧刃阔边，内呈梯形（图 1–19，4）。
Ⅴ式，钺身两侧较上式直，弧刃外侈较上式小。平肩，平刃略弧，钺身饰三乳钉圆圈和三角纹（图 1–19，5）。

Ab 型，体多呈长方形，可分为七式。
Ⅰ式，刃略弧，窄长体，窄内（图 1–19，6）。
Ⅱ式，钺身两侧略内收，弧刃两角为侈，中部多一圆穿，刃变弧，内较上式大（图 1–19，7）。
Ⅲ式，体较长，亚腰形（图 1–19，8）。
Ⅳ式，内变宽短，器身近长方形，亚腰内收不大，弧形刃（图 1–19，9）。
Ⅴ式，弧形刃两角外侈更大（图 1–19，10）。
Ⅵ式，刃角外侈，超出器身（图 1–19，11）。
Ⅶ式，体变宽，梯形内，刃角外张不如上式，两角对称（图 1–19，12）。

Ac 型，舌形刃，可分为两式。
Ⅰ式，身近方形（图 1–19，13）。
Ⅱ式，身为窄长形（图 1–19，14）。

Ad 型，刃成半圆形，两角上翘，器身中部为大圆孔（图 1–19，15）。

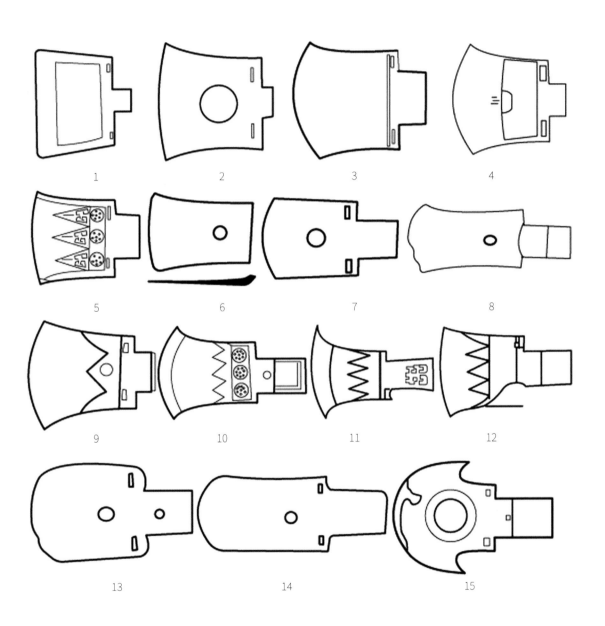

图 1-19 夹内式 A 型铜钺线描图

B 型，有阑，可分为 Ba、Bb、Bc 三亚型。

Ba 型，分为四式。

Ⅰ式，体呈长条状，刃呈圆形，扁平长方形（图 1-20，1）。

Ⅱ式，器身较长，呈亚腰形（图 1-20，2）。

Ⅲ式，钺身变宽，刃变宽（图 1-20，3）。

Ⅳ式，刃角近平直，阑大，内变大（图 1-20，4）。

Bb 型，1979 年洋县范坝出土，体略长，半圆形刀，长阑，内上有穿，钺身有透雕蛙纹，通长 21.9 厘米（图 1-20，5）。

Bc 型，1979 年洋县范坝出土，整体呈不对称状，大斜刃，长身侧有扉棱，身两侧饰兽面蕉叶纹，通长 17.9 厘米（图 1-20，6）。

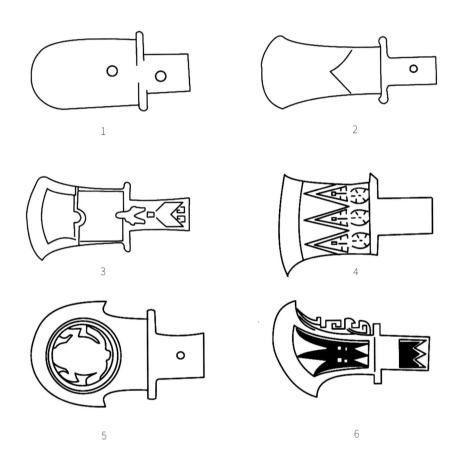

图 1-20 夹内式 B 型铜钺线描图

（2）銎装式

大多为征集品或博物馆藏品，可以根据銎的形制及在器身的位置分为A、B两型。

A型，銎与身垂直。按照銎宽度的变化可分为Aa、Ab、Ac、Ad、Ae五亚型。

Aa型，銎宽与内宽等同，可分为两式。

Ⅰ式，近长方体形，身两侧略内收，弧刃略侈（图1-21，1）。

Ⅱ式，器身扁平，呈梯形，有一圆孔，弧形刃（图1-21，2）。

Ab型，管銎超出器身（图1-21，3）。

Ac型，钺体扁平，两刃角外卷成半圆形，钺背上有数个圆穿（图1-21，4）。

Ad型，宽刃，管銎，后有内（图1-21，5）。

Ae型，人首有銎带阑钺（图1-21，6）。

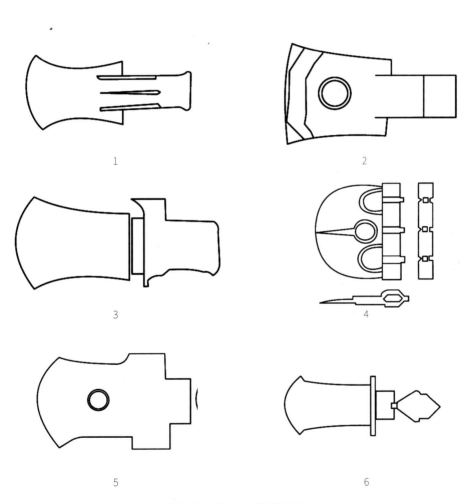

图 1-21 銎装式 A 型铜钺线描图

B 型，銎与身在同一直线，即竖向式，可分为 Ba、Bb、Bc 三亚型。

Ba 型，整体呈铲形，肩下两侧各突出一方耳，銎管两侧饰简体兽面纹和变异蝉纹，身饰变体兽面纹（图 1-22，1）。

Bb 型，深銎至刃沿，椭圆形銎，圆形刃，銎上有人面纹（图 1-22，2）。

Bc 型，深銎至近刃处，无环耳，刃身分界明显（图 1-22，3）。

1

2

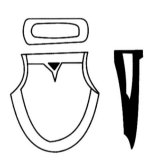

3

图 1-22 銎装式 B 型铜钺线描图

1.1.5 銎斧

銎斧为战斧，斧身为长条形，近顶端有管状銎，并有横向小钮（图1-23），出土数量极少。

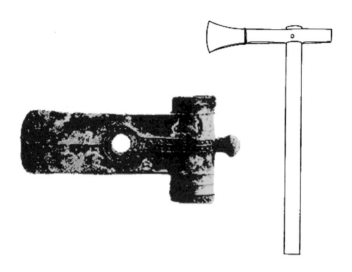

图 1-23　銎斧及装柄示意图

目前共发现34件，根据銎的形式，可分为A、B两型。

A型，无管銎（图1-24）。

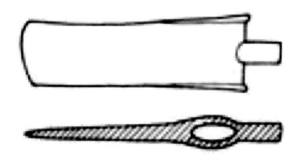

图1-24　A型銎斧

B 型，管銎。按照管銎的长短，可分为 Ba、Bb、Bc 三个亚型。

Ba 型，长管銎（图 1-25，1）。

Bb 型，管銎较短，但超出器身（图 1-25，2）。

Bc 型，整体如曲尺状，管銎上端与斧身上部大体平齐（图 1-25，3）。

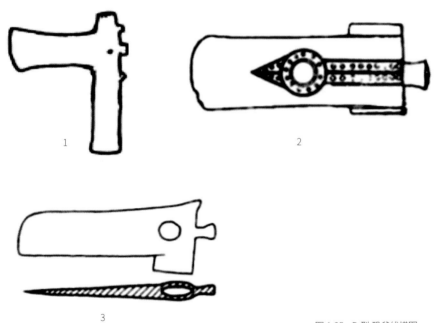

图 1-25　B 型 銎斧线描图

1.1.6 刀

商代刀的大小、形状多样,本书所介绍的刀,专指用于砍杀的大刀及部分用于防身的短柄刀,不包括日常生活所用的小刀。可分为夹秘、有銎、兽首三种。(图1-26)

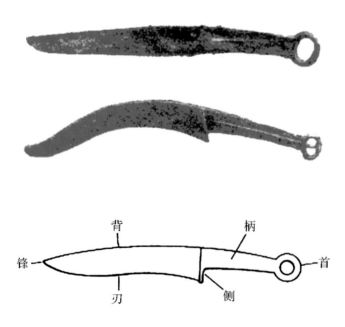

图1-26　铜刀及各部位名称图

（1）夹秘式

背上多有突棱作侧阑，按照穿、短把或内的有无，可分为A、B、C三型。

A型，长体、短柄，刀脊较厚，上无穿，即"脊背刀"，大多器型大，制作精美，应为礼器，可分为六式。

Ⅰ式，刀背弯曲较甚，刀刃弧形，刃首上扬，刀把稍弯（图1-27，1）。
Ⅱ式，刀背稍弯，刀刃略内凹（图1-27，2）。
Ⅲ式，脊部稍曲，刀尖上翘，刀口变宽且较齐（图1-27，3）。
Ⅳ式，刀身加宽，脊上多有镂空花纹（图1-27，4）。
Ⅴ式，刀身加宽，刀尖上翘，中部内收，刀刃尾端外突（图1-27，5）。
Ⅵ式，宽刃口斜直上扬，曲脊，刃近直，略内凹（图1-27，6）。

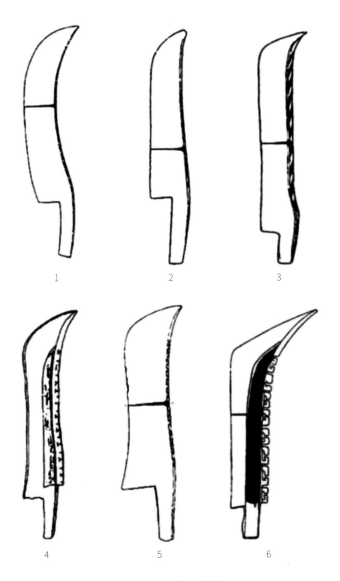

图 1-27 夹秘式 A 型铜刀线描图

B 型，卷头带穿，根据刀刃翻卷的幅度大小，可分为 Ba、Bb、Bc、Bd 四亚型。

Ba 型，刀刃卷头，且后翻，可分为四式。

Ⅰ式，整体细长，刃口斜弧上卷（图 1-28，1）。

Ⅱ式，刀刃和刀身宽长，勾头部分近直角（图 1-28，2）。

Ⅲ式，刀身和刀刃变宽，勾头部分相应比例变小（图 1-28，3）。

Ⅳ式，直背直刃，刃头平直，后勾棱角分明，呈直角，短柄（图 1-28，4）。

Bb 型，刀刃卷头，不后勾，可分为两式。

Ⅰ式，整体细长，刀刃从尾到头逐渐加宽（图 1-28，5）。

Ⅱ式，刀刃加宽，头部较上式上卷（图 1-28，6）。

Bc 型，刀身较宽，刃首尾上卷，刀身上有数个大圆孔（图 1-28，7）。

Bd 型，脊背后有内，内上有穿（图 1-28，8）。

C 型，长条形刀身，弧形刃，直背，上有二穿，背后一内（图 1-29）。

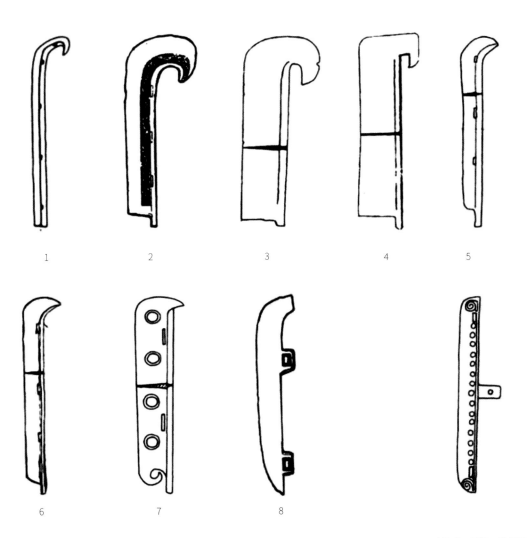

图 1-28　夹柲式 B 型铜刀线描图　　　　　　　图 1-29　夹柲式 C 型铜刀线描图

（2）銎装式

可分为 A、B 两型。

A 型，直刃略弧，直背，背上有二或三銎（图 1-30，1）。
B 型，卷首（图 1-30，2）。

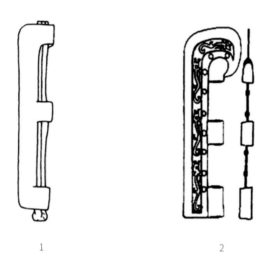

图 1-30　銎装式铜刀线描图

（3）兽首式

刀后端为一兽首，有鹿、马、牛、羊等各种形状，可分为三式。

Ⅰ式，刀身窄长，拱背内凹，有下阑（图1-31，1）。
Ⅱ式，刀身加宽，下阑变短，柄加粗，中部有窄长缝（图1-31，2）。
Ⅲ式，背较直，刃较弧，刀尖略上翘，无下阑（图1-31，3）。

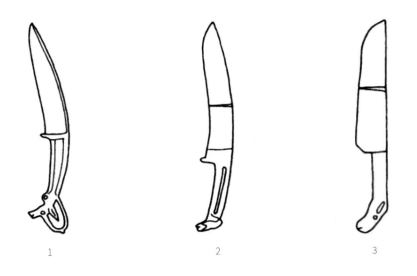

图1-31 兽首式铜刀线描图

1.1.7 矛

《释名·释兵》:"矛,冒也,刃下冒矜也。"可见矛是一种直而尖形的刺杀兵器。本书所介绍的矛,专指矛头(图1-32)。矛头由矛叶和骹两部分组成,矛叶两侧为刃,叶中突出部分为脊,且与骹相连。

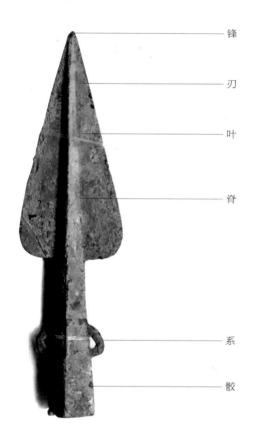

图1-32 铜矛及各部位名称

目前共发现1490件矛，依据矛叶形态，可分为A、B、C、D、E、F、G、H八型。

A型，矛叶似柳叶形，按照骹部有无纽，可分为Aa、Ab、Ac三亚型。
Aa型，有双纽，可分为三式。
Ⅰ式，骹为菱形，旁附钩状纽，饰叶脉纹（图1-33，1）。
Ⅱ式，矛叶变窄长，中脊直通前锋，骹亦边长（图1-33，2）。
Ⅲ式，矛叶更宽长，锋刃锐利，中脊突出，骹相对宽短（图1-33，3）。
Ab型，无纽，可分为三式。
Ⅰ式，叶窄且长于骹（图1-33，4）。
Ⅱ式，窄长叶，骹较长（图1-33，5）。
Ⅲ式，前锋尖锐，叶本圆阔，骹上细下粗（图1-33，6）。
Ac型，单纽。中脊与长骹相连，骹旁有一半圆环纽（图1-33，7）。

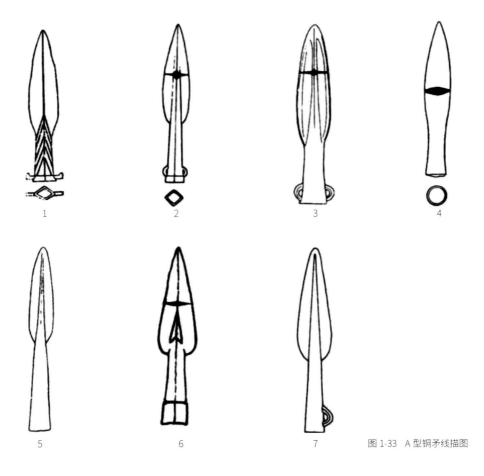

图 1-33 A 型铜矛线描图

B 型，近似三角形叶，按照纽的有无，可分为 Ba、Bb、Bc 三亚型。

Ba 型，骹下部有两组，可分为五式。

Ⅰ式，前锋尖锐，矛叶下端圆弧，圆脊突起，骹下附有两对称半环纽（图 1-34，1）。

Ⅱ式，叶边长，叶本圆钝，叶与骹基本等长（图 1-34，2）。

Ⅲ式，叶本棱角分明，呈等腰三角形（图 1-34，3）。

Ⅳ式，前锋尖锐，呈等腰三角形，叶较大，骹部变粗（图 1-34，4）。

Ⅴ式，体较小，叶尖圆钝，骹粗短，口呈椭圆形（图 1-34，5）。

Bb 型，无纽，可分为三式。

Ⅰ式，叶较窄，中脊稍突，骹圆筒形，下部有一穿（图 1-34，6）。

Ⅱ式，形体较小，圆本，骹大而粗，下沿有箍（图 1-34，7）。

Ⅲ式，长叶，长骹。矛身呈三角形，中脊直通锋部（图 1-34，8）。

Bc 型，单纽。前锋较钝，中脊隆起，叶下端有血槽，骹较长，骹中部偏上有一纽（图 1-34，9）。

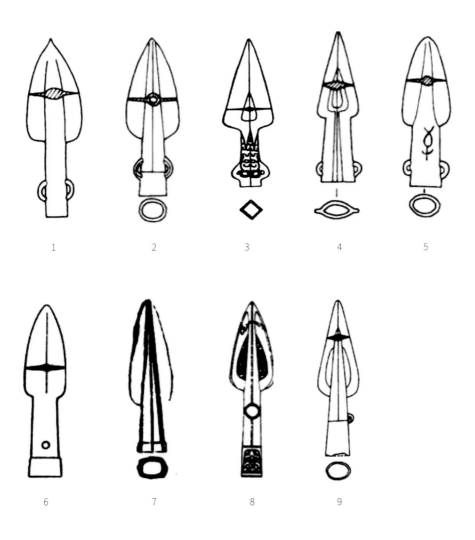

图 1-34 B 型铜矛线描图

C 型，束腰形叶，按照叶本两侧是否有孔，可分为 Ca、Cb 两亚型。

Ca 型，叶本两侧无孔，可分为两式。

Ⅰ式，叶体较宽，束腰不明显。中脊略隆，蕉叶状长血槽直通骹部，骹截面略呈扁平六边形（图 1-35，1）。

Ⅱ式，叶底与銎口平，前锋和两刃锋利，束腰明显（图 1-35，2）。

Cb 型，骹下沿两侧有圆穿，可分为三式。

Ⅰ式，叶较细长，束腰程度不大，骹部较长，伸出叶底（图 1-35，3）。

Ⅱ式，叶下骹变短，叶相对较长。中脊上有血槽，椭圆形銎上饰三角涡纹、兽面纹（图 1-35，4）。

Ⅲ式，束腰明显，骹更短，明器化明显，流行于商末。前锋锐利，叶底有对称的两三角形孔（图 1-35，5）。

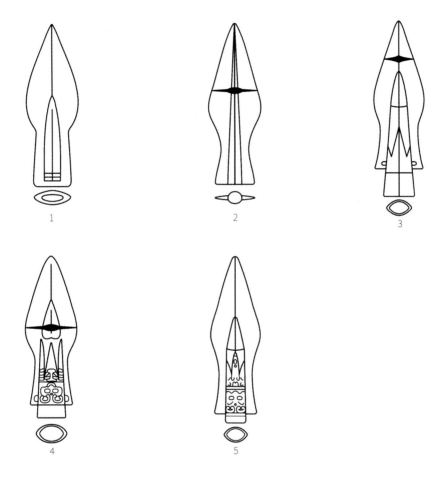

图 1-35　C 型铜矛线描图

D 型，窄长叶形，依据叶形状及叶本两侧是否有纽，可分为 Da、Db、Dc、Dd 四亚型。

Da 型，有纽。叶尖呈圭形，两侧刃内凹，銎身较长，两侧有半圆环（图 1-36，1）。

Db 型，銎侧无纽，可分为两式。

Ⅰ式，叶骹整体较宽。叶呈扁平长三角形，有血槽（图 1-36，2）。

Ⅱ式，整体瘦长，叶尾端相对肥大。叶似三角形，叶底内凹，叶上双人字纹，骹身较长（图 1-36，3）。

Dc 型，整体似剑，矛身为长三角形（图 1-36，4）。

Dd 型，器体如弯拱的长条形匕（图 1-36，5）。

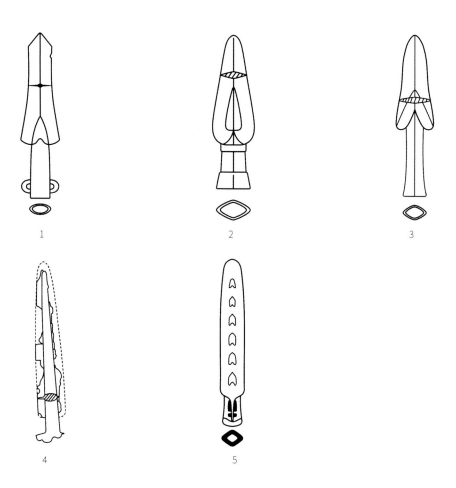

图 1-36 D 型铜矛线描图

E 型，矛叶上饰兽面纹，骹饰平行波折纹和兽面纹（图 1-37）。

F 型，大叶短骹，可分为 Fa、Fb 两亚型。
Fa 型，有双纽。宽叶圆本，有血槽，骹侧有两环纽系（图 1-38，1）。
Fb 型，无纽。前锋尖锐，中脊突出，短粗骹（图 1-38，2）。

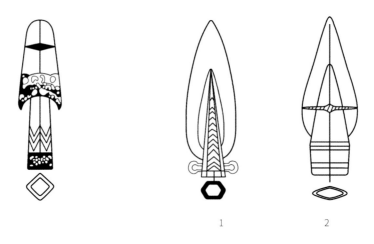

图 1-37　E 型铜矛　　　　　图 1-38　F 型铜矛线描图

G 型，大叶弯钩，骸另一侧有一个小环纽（图 1-39）。

H 型，多棱型，前锋尖锐，骸端截面为正六边形，且有箍（图 1-40）。

图 1-39　G 型铜矛线描图

图 1-40　H 型铜矛线描图

1.1.8 短剑

剑是防身武器,包括剑身和剑茎(柄)两部分(图1-41)。剑身前有锋,中起脊,两侧为从和刃,身柄交接处有格,茎末端为首。

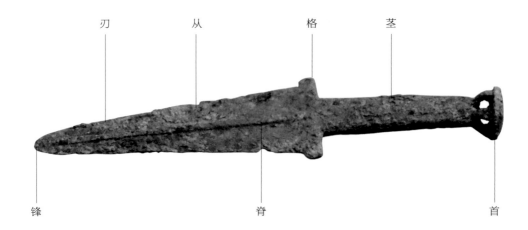

图 1-41　铜剑及各部位名称

目前发现商代铜剑23件，一般较短，故称短剑，可分为A、B两型。
A型，匕首式短剑，有格，可分为Aa、Ab、Ac三亚型。

Aa型，环首剑。剑身近似柳叶形，双面刃，直柄，中间有两道凹槽（图1-42，1）。

Ab型，兽首剑。羊首曲柄剑（图1-42，2）。

Ac型，铃首剑。中脊棱状隆起，并穿过柄部到剑首，剑首位扁圆形，（图1-42，3）。

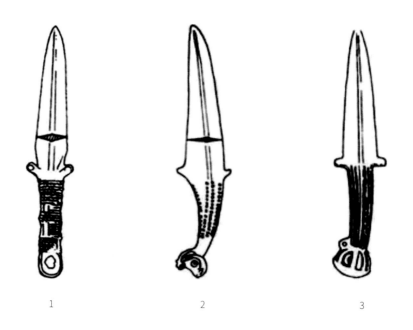

图1-42 A型铜剑线描图

B 型，无格剑，可分为 Ba、Bb 两亚型。

Ba 型，体宽，扁茎，锋刃弧，有血槽（图 1-43，1）。

Bb 型，柳叶形，器型短小，体扁薄（图 1-43，2）。

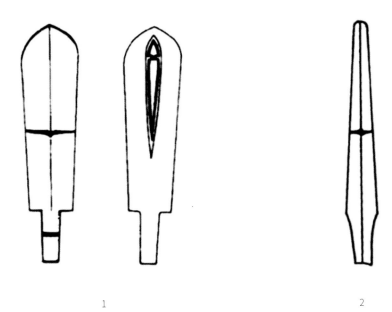

1　　　　　　　　　　　2

图 1-43　B 型铜剑线描图

1.1.9 铍

《说文》:"铍,剑而刀装者。"可见铍是一种剑形刀,具有前刺和横向劈砍的双重功能。

可分为 A、B 两型。

A 型,扁茎。前锋呈三角形,格两端各有一乳钉孔,截面呈椭圆形(图 1–44,1)。

B 型,管茎。长条身,有中脊,下有一字形窄条格,其下为管状装柄部分(图 1–44,2)。

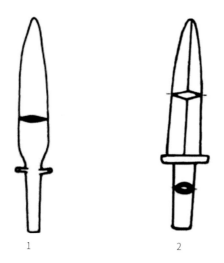

图 1-44　铜铍线描图

1.2 远射兵器和防护兵器

1.2.1 镞

箭是用弓箭弹射出去的远距离杀伤武器，文献中又称"矢"。箭由箭头和箭身及其上的羽组成，箭头就是我们通常所说的"镞"。镞的各部分有专名（图1-45），镞的前锐为"锋"，张开的两翅为"翼"（或称为"叶"），翼边缘部分为"刃"，中有"脊"，后锋与脊相接处为"本"，插入箭杆的部分为"铤"，脊铤连接处为"关"。

图 1-45　铜镞及各部位名称

目前共发现镞5125件，根据其有无锋刃可分为锋刃镞与非锋刃镞两大种。

（1）锋刃镞

依据翼的有无、多少，可分为甲、乙、丙、丁、戊、己六类。

甲类，双翼铤镞，根据叶的形状可分为A、B两型。

A型，双翼如燕尾形，按叶、脊的形态可分为九亚型（图1-46，1-22）。

B型，双翼近桃形。根据其有无关，可以分为两亚型（图1-46，23-24）。

图1-46 双翼铤甲类铜镞线描图

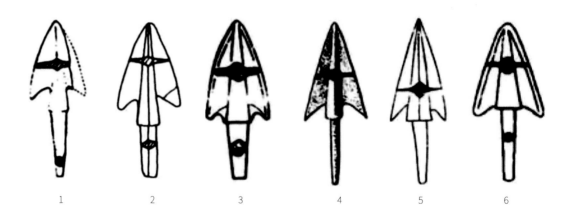

1　　　2　　　3　　　4　　　5　　　6

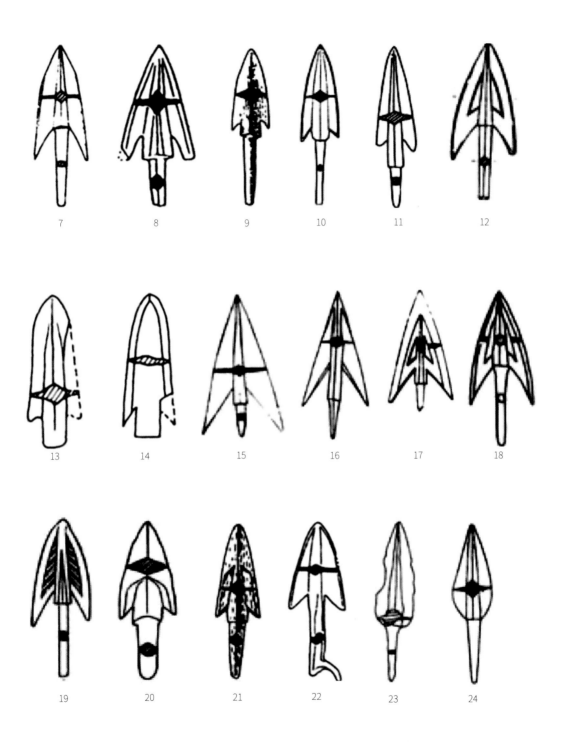

7　　8　　9　　10　　11　　12

13　　14　　15　　16　　17　　18

19　　20　　21　　22　　23　　24

乙类，有銎镞，可分为 A、B、C 三型。
A 型，双翼如燕尾（图 1–47，1）。
B 型，双翼如桃叶（图 1–47，2）。
C 型，桃形叶带弯钩（图 1–47，3）。

丙类，三棱或三翼镞，可分为 A、B 两型。
A 型，三棱镞（图 1–48，1）。
B 型，三翼状（图 1–48，2）。

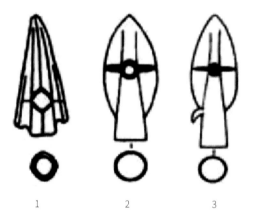

图 1-47　双翼铤乙类铜镞线描图

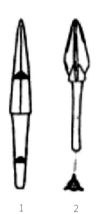

图 1-48　双翼铤丙类铜镞线描图

丁类，四棱状。根据其有无关，可分为 A、B 两型。

A 型，有关，可分为两式（图 1-49，1-2）。

B 型，无关（图 1-49，3）。

戊类，单翼类（图 1-50）。

己类，镞身似矛形（图 1-51）。

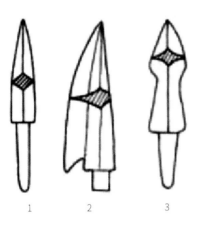

图 1-49　双翼铤丁类铜镞线描图　　图 1-50　双翼铤戊类铜镞线描图　　图 1-51　双翼铤己类铜镞线描图

（2）非锋刃

部分此类箭镞可能用来猎获动物皮毛。根据其形制，可分为甲、乙两类。

甲类，平头（图1-52）。

乙类，圆锥状身。根据其前锋尖锐程度，可分为A、B、C三型。
A型，前锋呈尖弧形（图1-53，1）。

B型，尖头。根据其身铤组成不同分为A、B两亚型（图1-53，2-3）。

C型，圆锥头，多棱身（图1-53，4）。

图1-52 非锋刃甲类铜镞线描图

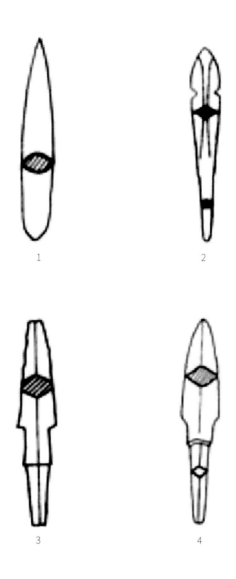

图 1-53 非锋刃乙类铜镞线描图

1.2.2 胄

胄即现今的头盔，作战时用于防护头部。目前至少发现 162 件。根据其制作材料的不同，可分为复合式与整体式两大类。

（1）复合式
根据其各部分质地，可分为 A、B 两型。

A 型，青铜与皮革合成，即牌式胄，可分为 Aa、Ab 两亚型（图 1-54，1-2）。

B 型，由护额、护顶、护颈和枕部组成（图 1-55）。

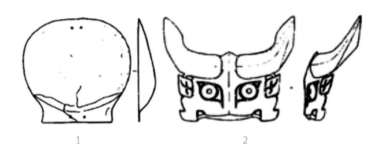

图 1-54　复合式 A 型铜胄线描图

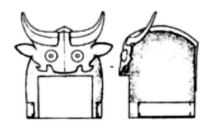

图 1-55　复合式 B 型铜胄线描图

（2）整体式

根据其形态，可分为 A、B 两型。

A 型，整体似现在的钢盔，包括护额、护顶、护颈、护耳，正下方有长方形凹缺，中部有脊棱直通头顶，胄面为兽面纹饰，可分为三式（图 1-56，1-3）。

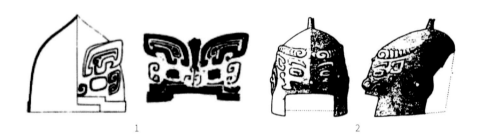

图 1-56　整体式 A 型铜胄线描图

B 型，整体呈半球形，圆顶，顶上有方穿，盔口前后都为半圆形，护耳下各有六小方穿，素面（图 1-57）。

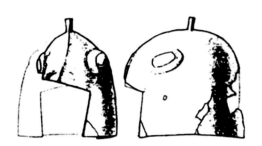

图 1-57　整体式 B 型铜胄线描图

第二章 殷墟青铜兵器的组合

2.1 殷墟青铜兵器组合的特征

2.1.1 青铜兵器组合具有相对稳定性

商代青铜兵器的组合形式可达 35 种，其中最基本的组合有三种形式：戈、镞；戈；镞。这三种组合存在于商代始终，在整个商代所占的比例变化趋势如图 2-1 所示。

单出戈的组合是商代铜兵器组合的主体，从早商到中商一期呈缓慢上升趋势，中商时期略有下降，到晚商一期又急剧上升并达到顶峰，晚商二、三期持续下降，到晚商四期明显下降到最低点。而戈、镞组合基本呈下降趋势，其下降最快的时期是早商到中商一期和中商二期到晚商一期，在中商一期到中商二期有所增长。单出镞的组合先是下降，接着上升，之后急剧下降，在长时间的缓慢增长趋势之后，从晚商三期到四期迅速上升。

其次的两种组合为戈、矛、镞和戈、矛，这两种组合在经历了幅度不大的升降后，在晚商二期之后基本呈上升之态，或略有波折。戈、矛组合在晚商三、四期出现后呈缓慢上升之态。

在大中型墓中出土的钺、戈、矛、刀器类也比较重要，最早出现于中商一期，在晚商二期加入镞发展为"钺、戈、矛、刀、镞"组合，并延伸至晚商三、四期。

图 2-1 商代青铜兵器五种组合趋势图

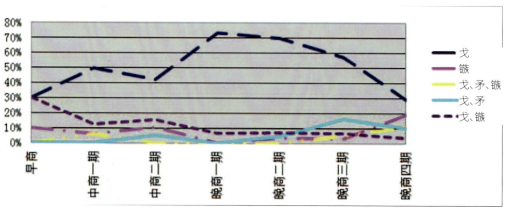

2.1.2 青铜兵器组合具有明显的时代性

商代青铜兵器的组合呈现明显的时代性,早期较少,随时间的推移,组合的数量越来越多,组合的搭配形式越来越丰富。

早商时期的兵器种类较少,有钺、戈、矛、镞,组合形式有 6 种。

中商一期,品种增加了刀、戟、胄,且刀成为大多数组合的成员之一,组合形式有 8 种。

中商二期,斝的增加使兵器的组合形式更多,但搭配方式有简化之风,组合形式有 11 种。

晚商一期的兵器因发现少,组合形式只有 4 种,搭配极为简单。

晚商二期始,矛、刀成为组合的主要因素,兵器的搭配呈现若干排列方式,兵器的组合在十几种,这种势态一直延续到晚商四期。

商代兵器组合的发展趋势,再次说明了商代兵器的几个发展阶段。

2.1.3 青铜兵器以戈、镞组合为主

戈、镞是商代兵器中最基本的器类,是当时必备的兵器,逐渐成为商代兵器中最主要的固定搭配器类。在 35 种组合中同时含有戈、镞的有 16 种,占 46%;而同时含有戈、镞的墓葬 80 座,占所有墓葬的 21%,加上单出戈 189 座、单出镞 31 座,共 301 座,占所有墓葬的 79%。

早商时期,戈与镞搭配使用,或单独使用。中商时期,加入刀或钺,成为戈、刀、镞或戈、钺、镞组合形式。晚商时期,加入矛、大刀等搭配成若干组合形式。在这个意义上可以说,商代兵器组合是"重戈镞组合"[1],两者的使用体现了商代军事上近攻和远射的有效结合。铜镞的数量虽远少于铜戈,但很多遗址和墓葬中出土有骨镞、石镞,说明了弓箭使用之广。85AQMM14 是安阳一座晚商三期的墓葬,该墓为丁类墓,墓主为一少年,随葬有一件铜戈、一件铜镞、一件骨镞、一件玉戈、一件陶簋和一件陶罐,该墓的随葬品表明戈、镞的兵器组合是当时武器的基本配备[2](图 2-2)。

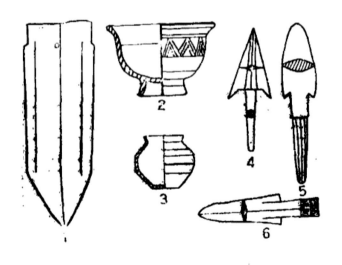

图九　1、玉戈　　2、陶簋　　3、陶罐　　4、铜镞　　5、骨镞　　6、铜戈

图 2-2 《安阳铁西刘家庄南殷代墓葬发掘简报》一文中的插图

1. "重戈镞组合"的提出是受商代铜礼器"重酒组合"的启发,以表示戈、镞在商代兵器组合中的重要性。中国青铜器时代,"国之大事,在祀与戎",如果说"重酒组合"反映了"祀"的话,"重戈镞组合"则是"戎"的体现。
2. 安阳市博物馆:《安阳铁西刘家庄南殷代墓葬发掘简报》,载《中原文物》1986 年第 3 期。

商代的将士均重视戈这类兵器。但受社会地位和财力的限制，一般的士卒只可能拥有几件且多无纹饰，而贵族则拥有十件甚至数十件不等，戈一般质地厚重、纹饰精美，属于所谓的雕戈[1]。戈、镞组合或单出一种兵器的墓葬中伴出的随葬品基本为铜觚爵或陶觚爵，其他随葬品较少。觚爵组合是商文化典型的器物，说明墓主对商文化的认可。到晚商时期，明器化的戈在各类墓葬中均出土，说明其是士卒必需的埋葬兵器。戈在商代被不同阶层的人广泛使用，牧野之战中商军"前徒倒戈"（《尚书·武成》），遂使战争局面发生很大变化，亦说明戈使用的普遍性和对于当时战争的重要性。

在商代甲骨文中，以戈为偏旁的字达90多个，其中不少字与战争有关，如伐、肇、㦵、戎、戌等。伐字像以戈杀人头状，伐有征伐和祭名两种用法，兼有了商代的"祀"与"戎"的意义。这些说明商代重大的事情均与戈有关，可见戈的存在与使用对商代社会而言意义重大。商代之所以重视戈，除了其形制的原因外，主要与当时的作战方式有关。

戈在商代战争史上和中国青铜兵器史上有着独一无二的地位，其形式多样，使用最广，扮演着重要的角色。"戈为中华远古民族固有自创之兵器"[2]，是中国青铜时代最具有代表性的兵器，并对后世产生了影响[3]。

镞这种利器在商代亦备受重视。文献中关于商代矢的记载很少，但有许多西周受赐弓矢的记录可作为参考。"诸侯赐弓矢，然后专征伐"（《礼记·王制》）。《诗经·小雅·彤弓》诗序曰："彤弓，天子锡有功诸侯也。"所赐之物，"彤弓弨兮，受言载之"。《尚书·文侯之命》亦载周平王因晋文侯迎立有功，赐其"用赉尔秬鬯一卣，彤弓一，彤矢百，卢弓一，卢矢百，马四匹"。伪孔传："诸侯有大功，赐弓矢，然后专征伐。彤弓以讲德习射，藏示子孙。"《左传·僖公二十八年》提到晋侯献楚俘于王，"王命尹氏及王子虎、内史叔兴父策命晋侯为侯伯，赐之大辂之服，戎辂之服，彤弓一，彤矢百，玈弓矢千，秬鬯一卣，虎贲三百人"。杨伯峻注："彤弓、彤矢与下玈弓矢，俱以所漆之色言之。"《左传·文公四年》有："诸侯敌王所忾而献其功，王于是乎赐之彤弓一，彤矢百，玈弓矢千，以觉报宴。"《左传·襄公八年》："宣子曰：'城濮之役，我先君文公献功于衡雍，受彤弓于襄王，

---

1. 雕戈本意应为雕刻有花纹的、精美的戈。《国语·晋语三》有"穆公衡雕戈出见使者"，韦昭注曰："衡，横也，雕，镂也。"程瑶田则进一步指出："又有内首镂空，其纹两面相通者；又有镂其纹中复嵌以铜条者；亦有刻纹为饰而不交通……疑皆雕戈遗制。"（《经解》卷五三七，第28页）
2. 周纬：《中国兵器史稿》，生活·读书·新知三联书店1957年版，第64页。
3. 青铜时代之后，铜戈作为战争中的主要兵器退出历史舞台，但这种造型影响至深。在后世一些诗句中仍可见到其遗痕迹，如唐钱起在《送萧常侍北使》："绛节引雕戈，鸣驺动玉珂。"唐杜甫《日暮》诗："将军别换马，夜出拥雕戈。"宋陆游《谢池春》词有："朱颜青鬓，拥雕戈西戍。"宋谢树琼《自嘲》诗："落魄青衫涕泪多，十年枉自枕雕戈。"明许自昌在《水浒记·党援》中亦云："若不是雕戈横处惊鸡犬，怎能够金锁开来纵凤鸾。"

以为子孙藏。'"汉韦孟《劝励》诗："彤弓斯征，抚宁遐荒。"《旧五代史·唐书·武皇纪下》："窃念本朝屯否，丕业沦胥，攀鼎驾以长违，抚彤弓而自咎。"操弓射箭成为人的立身之道，古代教育的"射"是六艺之一（图2-3）。《礼记·射义》云："射者，所以观盛德也。""射者，仁之道也。射求正诸己，己正而后发。""故男子生，桑弧蓬矢六，以射天地四方。天地四方者，男子之所有事也。"古人将射置于达到男子最高境界的一种象征，逐渐形成各种不同的礼射活动，礼射分为大射、宾射、燕射、乡射，射礼的场面在《诗经》中有所记录（《齐风·猗嗟》《大雅·行苇》《小雅·宾之初筵》）。新出的甲骨文和金文材料显示，商代晚期，射礼已是商王及贵族子弟们熟习的基本技能之一了。

甲骨卜辞还显示，商代已经有受过专门训练的弓箭手组成的精锐部队。甲骨文中有"三百射""射三百"的记载，林沄先生指出射可能是征集制军队中的一个特殊兵种，"多射"是一种常备性武装部队，卜辞中记有王向各氏族"取射""取新射"，各氏族向王"以射""以新射"[1]。由于射的重要性和多功能，在商代除了实战用的锋刃镞外，还有一些非锋刃镞。关于非锋刃镞的用途，或为用于练习打准的志矢[2]，或是为了猎取动物羽毛特制的[3]，或是用来弋射的矰矢[4]。弋射是专门捕猎飞鸟的狩猎活动，在铜资源有限的商代，用青铜铸造弋射弓矢是奢侈的事情，所以其数量非常少，可能日常生活中的弋射更多地使用骨镞、石镞。

西周时期的兵器组合基本上还是"重戈镞组合"，只不过戈的形制和组合中搭配的兵器与商代有所不同。

---

1. 林沄：《商代兵制管窥》《林沄学术文集》，中国大百科全书出版社1998版。
2. 郭宝钧：《山彪镇与琉璃阁》，科学出版社1959年版。
3. 安志敏：《河北省唐山市贾各庄发掘报告》，《考古学报》1953年第6册。
4. 丛文俊：《弋射考》，《青果集》《吉林大学考古专业成立二十周年考古论文集》，知识出版社1993年版；何驽：《缴线轴与矰矢》，《考古与文物》1996年第1期。

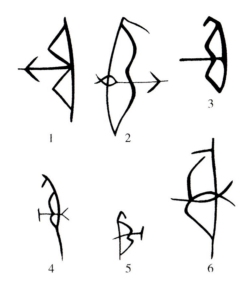

图 2-3　甲骨文中的"射"字(《文物》2009 年第 8 期)

图 2-4　"作册般"青铜鼋

2.2 殷墟青铜兵器组合反映的一些问题

2.2.1 青铜兵器组合具有等级区分，但同一等级的墓葬随葬兵器存在不少差别

在商代，军事作为当时社会生活中重要的一个方面，为统治者高度重视，享有军权的大小直接反映着政治地位的高低，由此拥有兵器的质量和多少成为政治权力的表象，以"明贵贱、辨等列"（《左传·隐公五年》）。商代不同等级的墓葬，随葬的兵器组合、数量、质地等方面均存在明显差异。

即使在商代同一等级的墓葬中，随葬的兵器也存在不少差别的现象（即兵器与等级的不对等现象）。兵器与等级的不对等现象在一些中高级贵族墓葬中比较突出，而在小贵族和平民墓葬中则基本统一。举例如下：

同属于晚商二期的76AXTM5（妇好墓）、2001HDM54、新干XDM 三墓均属于甲类墓[1]，三墓墓主身份分别相当于王妃、高级武将和方国首领，后两者的地位低于前者，所以在标示权力的象征物上体现出差别：妇好墓使用多组10套以上的铜觚爵、2对"对钺"和2套"套刀"，而后两者分别使用9套铜觚爵、2对"对钺"和1套"套刀"3件，46件铜礼器、2对"对钺"和3套"套刀"；但是在兵器总数上后两者却较妇好墓多，分别为1054件、230件，远多于妇好墓的172件，差异主要体现在矛和镞上，此外2001HDM54的墓底面积达26.5平方米，大于妇好墓（22.4平方米）。

2001HDM54墓主身份应略低于或者相当于郭M160，其使用9套觚爵，而郭M160使用了10套觚爵，两者兵器的总数是后者多于前者，但是郭M160只使用了1对"对钺"和1套"套刀"2件，少于2001HDM54的礼兵，且墓室面积（13平方米）只有2001HDM54的一半。就此看来，2001HDM54使用了超越其规格的兵器。

1. 这里依据墓葬及随葬品情况对墓葬进行分级。其中甲类墓指墓室面积在20平方米以上、有多重棺椁、殉人较多、随葬大量物品的墓葬。甲类墓以下，还有乙类墓、丙类墓、丁类墓，对应的墓室面积区间分别是10-20平方米、3-10平方米、3平方米以下。

2001HDM54 如此随葬的原因可能与墓主的经历有关。该墓墓主35 岁，身负多处创伤，有些伤口是戈矛类刺兵和勾兵或砍兵造成[1]，可能最后死于战争。该墓殉人 15 个，漆棺上镶嵌金箔，出土玉器 222 件、贝 1472 枚、铙 1 套 3 件，仅次于妇好墓，殉犬 15 具超过妇好墓（该墓殉犬 6 只），拥有铜钺 7 件（比妇好墓多 3 件）、铜镞 881 枚，尤其是 M54∶86 钺精美绝伦（夔龙纹、鸟纹、蛇纹互相映衬，内上的纹饰和铭文镶嵌绿松石），通高 40.5 厘米，重 5.96 千克，还有铜内玉援戈 3 件、铜骹玉叶矛 2 件，这些均昭示墓主生前握有重要的军权；结合铭文看，99% 的铭文为"亚长"或"长"，说明其是长族贵族。在甲骨文中长族地位显赫，他们向商王贡龟（《甲骨文合集》27641 为廪辛、康丁时期卜辞，记"其又长子，龟至，王受又"）（图 2-5），及至西周时期还受到时王重视（鹿邑太清宫长子口墓规模宏大、随葬品丰富，长由盉记载了其受到穆王褒奖[2]）。2001HDM54 这位长族贵族，因为为商王驰骋杀场、最后战死疆场而受到特殊的礼遇，得以埋葬在宫殿宗庙区。

1. 中国社会科学院考古研究所：《安阳殷墟花园庄东地商代墓葬》，科学出版社 2007 年版，第 75—77 页。
2. 陕西省文物管理委员会：《长安普渡村西周墓的发掘》，载《考古学报》1957 年第 1 期。

属于晚商二期的丙类墓大司空80ASM539、大司空M663、郭东南M26，墓室规模相当，前两者分别殉人1个、4个，后者殉人2个；三墓随葬的铜礼器数目接近，分别为14件、9件、12件，均为2套觚爵，身份属中等贵族；均随葬了1件铜钺和戈、矛、镞等兵器，其军职大体相当，可能属中级武官。但是三墓葬随葬兵器的数量和质地有差异，三墓的兵器总数分别为67件、27件、46件；三墓所出的钺虽均为1件，但前两墓的钺为20多厘米长的中型钺，而郭东南M26所出的钺长达33.4厘米，质地厚重，纹饰精美，仅次于同时期的妇好墓、2001HDM54和晚商三期的郭M160所出的铜钺，而后三者的墓主为王室成员或高级贵族，且所出兵器数量较多，表明墓主是高级武将。有学者认为"质地精良的大铜钺，是墓主生前具有较大军事统帅权的最重要标志"[1]，郭东南M26出土铜兵器总数比80ASM539少些，但戈、矛数量为21件，且有1件脊背刀，较大司空80ASM539、M663为多。郭东南M26随葬了超越其身份的大铜钺（图2-6）的现象耐人寻味。

图2-5 长子贡龟刻辞（《甲骨文合集》27641）

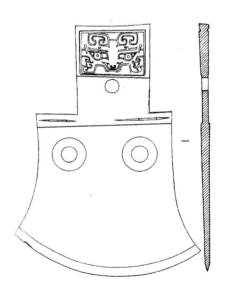

图2-6 郭东南M26：15（《考古》1998年第10期）

1. 刘一曼：《论安阳殷墟墓葬青铜武器的组合》，载《考古》2002年第3期。

属于晚商三期的 2006WYLDM5，墓室面积 5.5 平方米，使用 1 棺 1 椁，殉人 2 个，随葬青铜礼器 9 件合 1 套觚爵，兵器总数达 21 件，种类有钺、戈、矛、刀、镞，使用 1 钺 1 刀，同类级别的墓葬基本是数件兵器，基本不用刀。该墓的钺虽然长不及 20 厘米，但刃宽 11.5 厘米，制作精美，钺身和内部正背面均有凸起的纹饰，显然属于礼仪类钺。大刀形似妇好墓 76AXTM5：1169，全长 32.7 厘米，重 335 克，质厚体长，亦为礼仪类兵器。该墓所出的大圆鼎、甗、罍等器型大而厚重，远超过一套铜觚爵墓葬的同类器，亦大于郭东南 M26 同类器；鼎为大小不同的 4 件，数量介于 77AXTM18（出鼎 3 件）和郭家庄 M160（出鼎 5 件）两墓鼎数中间，器型比戚家庄东 M269 的鼎还大；甗比郭东南 M26 的同类器高 1 倍还多。结合墓葬形制、方向、殉人等情况看，2006WYLDM5 级别略低于郭东南 M26。

郭东南 M26 所出的 3 件南方常见的硬陶瓿和 1 件鄂尔多斯式的铜鍐形器，透露出墓主南征北战过的信息。虽然随葬的青铜礼器、墓葬规格等情况表明该墓墓主贵族身份与武职不算很高，但他与殷王武丁的关系密切，在战争中的地位较重要，有较大的军事权力。所以他的墓中可以随葬质地精良的大铜钺和较多的兵器。至于2006WYLDM5，其距离苗圃北地铸铜作坊遗址不远，随葬有锛、凿、铲、削等工具，可能是手工业者的头目[1]；又因其族受到王的宠信或者因世代出任武职在对外战争中发挥过重要作用[2]，所以墓葬随葬了超规格的器物。

下面再看一下属于晚商三、四期的墓葬戚家庄东 M269 和殷墟西区 GM1713 两座丙类墓。前者随葬铜礼器 20 件和 3 件铜铙，后者随葬 17 件礼器，均含 3 套觚爵。两墓均出中型钺 2 件、大刀 2 件（即 1 对"对钺"和"套刀"1 套 2 件），还有戈、矛。两墓中的青铜礼器与兵器的组合近似，墓室规模相近，表明墓主贵族身份与担任的武职级别大体相当。但是，两墓出的兵器数量与质量却有差别。戚家庄东M269兵器总数30件，钺 2、大刀 2、戈 13、矛 12；而殷墟西区 GM1713 出钺 2、大刀 2、戈 30、矛 30、兽首刀 1，兵器总数达 69 件。后者的兵器数量多出前者 30 多件。不仅如此，两墓所出的大刀质地有明显差别。戚家庄东 M269 所出的大刀长 26 厘米、宽 4.6 厘米、重 270 克，素面；殷墟西区 GM1713 所出的大刀长 31 厘米、宽 8.5 厘米、重 395 克，形制与周初的"康侯斤"近似，刀身上所饰夔龙纹与2001HDM54的3件大刀接近，显系高等贵族用品。据学者研究，这种卷头大刀与铜钺一样是礼兵器，其数量、质量、大小与墓主人政治地位高低和军事统帅权的大小有紧密联系[3]。显然殷墟西区 GM1713 随葬质地精良的大刀（图 2–7）亦属一种"僭越"现象，其原因是什么？我们亦可从该墓出土的铜礼器上的铭文中找到答案。

1. 安阳市文物考古研究所：《河南安阳市殷墟郭家庄东南五号商代墓葬》，载《考古》2008 年第 8 期。
2. 刘一曼：《甲骨金文的"旗"与殷墟"旗"墓》，载《殷墟学刊》2011 年第 1 期。
3. 刘一曼：《殷墟青铜刀》，《考古》1993 年第 2 期。

图 2-7　殷墟西区 GM1713：94（《中国青铜器全集 3》图 199）

殷墟西区 GM1713 的 5 件有铭铜器记录了相似的内容，1 件分裆柱足鼎上的铭文共 3 行 21 字："壬申王易亚鱼贝囗才，用作兄癸六月，隹王七祀翌日。"另 1 件簋和 1 件有盖爵上有相同的铭文，计 2 行 12 字："辛卯王易妇鱼贝，用作父丁彝。""鱼"为氏族徽号，"亚"为其生前担任的职务。这两种铜器铭文说明墓主生前不止一次受到殷王帝辛[1]的赐贝，墓主显然深受商王信赖。该墓所出的卷头大刀銎孔的作风和马头刀的式样，无疑是受北方同类器物的影响，显示墓主可能参加过对北方的征战。由此可推测，墓主亚鱼大概是由于战功卓著而受到殷王的赏赐，GM1713 亚鱼这种特殊的身份，使得他可以拥有规格较高的礼兵器——大刀。

[1] 据发掘者研究，该墓的分裆鼎年代为帝辛二年（前1076年）（中国社会科学院考古研究所安阳工作队：《安阳殷墟西区一七一三号墓》，载《考古》1986年第8期）。

除了中等贵族或中级武官墓中的兵器有"僭越"现象外，还发现一些高中级贵族墓葬，随葬的兵器明显低于该等级的规格。这种现象在晚商时期特别明显。如距离妇好墓较近的77AXTM18，属于晚商二期，墓室面积10.6平方米，殉人5个，随葬铜礼器24件，含5套觚爵。但墓中出土的兵器仅9戈、10镞，且戈大多为轻薄，可能为明器，不见这一等级中常见的兵器钺、卷头刀。晚商三期的89AHM1327为随葬8件铜礼器合3套觚爵，兵器仅有戈2、矛3；同时期的苏埠屯M7也为8件铜礼器合3套觚爵，墓口面积近10平方米，殉人3个，但兵器仅戈6、戣1。再如晚商四期的刘家庄北99ALNM1046，墓室面积为11平方米，殉人6个，出土铜礼器33件，含5爵、2角、3觚（相当于5套觚爵），该墓随葬的兵器数量虽较多，为240件，但绝大多数为质地较差的明器，组合为"戈、矛、刀、镞"，未见钺。还有，晚商四期的2004AST141M303墓室面积达9平方米，葬具棺椁具备，殉人4个、殉狗4只，南侧的车马坑M230可能为陪葬坑。随葬青铜礼乐器42件，其中6觚、10爵，合10套觚爵，还有金器、玉器，与郭家庄M160墓主地位相当，该墓32件带铭铜器上有"马危"，墓主极有可能是与郭家庄M160地位相当的"马危"族首领或高级贵族。但该墓随葬的兵器为30戈、38矛、97镞，缺乏殷墟同时期同规格墓葬应有的礼兵器钺和大刀。晚商四段的86AQM6墓室面积5.52平方米，使用1棺1椁，随葬19件铜礼器合3套觚爵，还有2套车马器，但该墓随葬了1钺、1大刀、1戈、12镞，且铜钺和大刀小而粗糙，低于同类墓戚东M269出土的1对对钺和1套套刀。晚商四段的ALM9为丙类墓，使用3套觚爵共15件铜礼器，殉1人、3犬，为合葬墓，但兵器共14件，组合为戈、矛、镞，不见铜钺和大刀。

2.2.2 职官职司制度不大固定，其他官员亦可兼任武职

商代许多职官都曾带兵打仗，文武官没有截然的区分。例如，寝官是负责管理宫寝之事的官员[1]，也担任武职。殷墟西区GM1713出土的17件礼器（大多为明器）中2件上有"鱼"的铭文，共存的兵器为钺、戈、矛、大刀65件。在大司空M539出土的5件礼器中三件上有"出""寝"铭文，共存的兵器钺、戈、矛、战斧、镞共67件。大司空M29的5件礼器，2件有"寝印"铭，共出的兵器戈5件。大司空M25虽遭破坏，但残存的礼器上有"寝印"铭文，同出的兵器有钺1件、戈6件、铜柄玉援矛1件。这些墓葬的礼器除GM1713为3套铜觚爵外，余均为2套觚爵，墓葬主人的身份相当，是中等贵族。铜器上的"寝"铭显示他们还担任过此职，出土的成组兵器表明寝官也曾带兵作战。据罗琨先生研究，商代的寝官虽然也是王的近臣，其主要职责不是一般的管理宫寝之事，而是拥有一定的军事指挥权，社会地位远高于小臣。商代的王宫守卫部队之长当为"寝"，也应属于军事系统，但其职权、地位显然在"亚"之下[2]。

1. 杜廼松：《中国青铜器发展史》，紫禁城出版社1995年版，第32页。
2. 罗琨：《商代寝官初探》，《纪念徐中舒先生诞辰110周年国际学术研讨会纪念集》，巴蜀书社2010年版，第300—308页。

商代带兵打仗的职官可能一身兼有数职。如"作册"一职，学者多认为是史官，主管著写简册和祭祀时奉天子的册命以告神灵[1]。在殷墟郭家庄 M50 中，出土有"作册"铭文的铜器，墓中还出有戈、矛、镞组合的兵器 14 件。可能该"作册"在任职期间曾参与战斗。

有学者论证了商代的职官虽有类别之分，但掌管的事务并不固定，史官和乐官除担任本职工作外，也参与战争[2]。在商代，战争在国家政治活动中举足轻重，所以在掠夺性的战争上，几乎所有的各种各类职官都要带兵打仗，真正体现了"国之大事，在祀与戎"[3]。

1. 杜迺松：《中国青铜器发展史》，紫禁城出版社，1995 年版，第 31—32 页。
2. 胡厚宣：《商代的史为武官说》，《全国商史学术讨论会论文集》，《载殷都学刊》1985 年增刊。
3. 张亚初：《商代职官研究》，《古文字研究》第十三辑，中华书局 1986 年版。

2.2.3 妇女在战争中比较活跃

尚勇尚武的社会习俗在社会中无性别之区别，只要有力气，"木兰"无须着男装就可从军。目前的材料显示，商代贵族妇女可以参战甚至作统帅。如妇好曾多次驰骋疆场，率军作战。妇好备受武丁重视，享受飨祭的待遇，这与其显赫的战功有很大的关系。所以，在妇好的墓葬中随葬了2件大型"对钺"（重达17斤、18斤，图2-8）、2件小型"对钺"、91件戈、57件镞，以及玉戈、矛、戚、钺、大刀54件仪仗玉兵器。

再如，77AXTM18墓室面积达10多平方米，内殉人5个，随葬兵器有9戈、10镞，墓主身份较高。据人骨鉴定，墓主似乎是一位30—40岁左右的女性，有学者推测其当是位女将[1]，可能是商朝重臣子渔的妻子或与子渔有关或是相当于王妃的人物[2]。

---

1. 陈志达：《商代的玉石文字》，载《华夏考古》1991年第2期。
2. Ying Yang. Rank and Power among Court Ladies at Anyang. In Gende and Chinese Archaeology, pp.95-113. Katheryn M. Linduff and Yan Sun (eds.), Walnut Creek, CA：AltaMira Press, c2004.

以上材料说明有些贵族妇女配备有兵器，甚至作为战争的统帅。在晚商二期的 96 刘家庄 M9 中发现一件铜戈，铜戈系管銎，墓葬属于丁类墓，有一棺，墓主为女性，因为该墓被扰，共存的器物有陶觚爵各一件，据此可知墓主身份为小贵族或末流贵族。安阳 ALM5 提供了另一座小型女性墓的材料，该墓属于丁类，亦有一棺，随葬铜戈一件、陶觚爵豆各一件，墓主身份属于平民，但是墓主无左臂，或与战事有关[1]。但是，目前发现的考古资料尚无法证明商代下层妇女参战的具体情况。滕州前掌大商代晚期的 3 座女性墓葬（M17、M49、M108）提供了小贵族妇女使用兵器的案例[2]，3 座墓墓室面积在 3—5 平方米，均使用 1 椁 1 棺，殉犬 2 或 3 只，墓主分别为 30、25—30、30—35 岁的青壮年女性，随葬兵器均为 2 件戈，共出的青铜礼器为 1 套觚爵（M17 和 M108 均共出铜觚爵各 1，M49 共出觚 1、爵 2、卣 1），还有陶豆、玉器、骨笄、骨器等。而且，在该墓地已经发掘的 27 座商墓中有 10 座墓葬出有兵器，女性随葬兵器的墓葬与男性墓葬比例相当。在殷墟王裕口西 VEM18（晚期二段墓）中出土铜戈 2 件、陶豆 1 件，墓中人骨经鉴定为女性，这表明当时也有平民妇女充当士兵。不过这种例子很少。相反，殷墟西区 166 座出兵器的墓葬，人骨架经鉴定皆为男性，说明中小贵族和平民以男性为主要战士。

1. 安阳市文物工作队：《1995—1996 安阳刘家庄殷代遗址发掘报告》，载《华夏考古》1997 年第 2 期。
2. 中国社会科学院考古研究所：《滕州前掌大》，文物出版社 2005 年版，第 93、104、107、552—559 页。

图 2-8　妇好墓出土妇好大铜钺（《中国青铜器全集 3》图 188）

兵器 青銅

AR+ 殷墟

第三章 殷墟青铜兵器的纹饰与铭文

3.1 青铜兵器的纹饰

商代青铜兵器上的纹饰大致可以分为动物纹和几何纹两大类。动物纹有兽面纹、夔纹、鸟纹、蝉纹、龙纹、蛙纹、人面纹等，几何纹有云雷纹、弦纹、四瓣花纹、圆涡纹、三角纹等。

3.1.1 动物纹

（1）兽面纹

兽面纹是中国青铜器中最重要的一类。过去学界多称其为"饕餮纹"。

商代青铜兵器上的兽面纹可以大致分为一首双身兽面纹（图3-1，1~2）和独立兽面纹（图3-1，3~4）两大类。

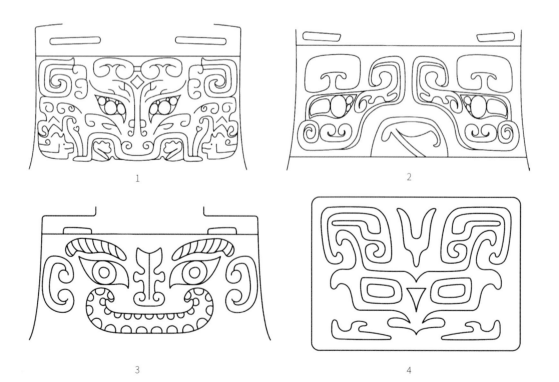

图 3-1 青铜兵器上的兽面纹（于小雅绘）

（2）夔纹

夔纹是青铜兵器上一种重要的纹饰（图3-2）。《说文解字》说"夔……如龙一足，"说明夔与龙相似，只是有一足。《庄子·秋水》中亦云："夔谓蚿曰，吾以一足趻踔而行。"趻踔意思是跳跃。从这些文献资料看，夔似龙，有一足，形象活泼。从考古资料看，在青铜器上的图像不仅有一足，还有二足或无足，但其他形制与文献较吻合，且该名称沿用至久。

图 3-2 青铜兵器上的夔纹

（3）龙纹

商代青铜兵器上龙纹少见（图3-3）。

图 3-3 青铜兵器上的龙纹

（4）鸟纹

鸟纹在商代青铜兵器中稍多于龙纹（图3-4）。

图 3-4 青铜兵器上的鸟纹

（5）蝉纹

商代青铜兵器上的蝉纹比较多见（图3-5）。

图 3-5　青铜兵器上的部分蝉纹

（6）虎纹

商代青铜兵器上的虎纹较少见（图3-6）。

图 3-6　青铜兵器上的部分虎纹

（7）蛇纹

商代青铜兵器上有部分小蛇纹，可分为粗壮型和细小型（图3-7）。

图 3-7　青铜兵器上的蛇纹

（8）蛙纹

蛙纹仅在洋县青铜器上发现，标本 1979YXF：1 钺身，圆目，4 爪伸出，身中部饰涡纹（图3-8）。

图 3-8　青铜兵器上的蛙纹

（9）蜈蚣纹

在城固发现的 1 件钺 1964CHWAT：2 身上饰双头蜈蚣纹，共用 1 身，身上有方格形蛇纹（图 3-9）。

图 3-9　青铜兵器上的蜈蚣纹

（10）人面纹

在商代青铜兵器上有一些人面纹（图 3-10）。

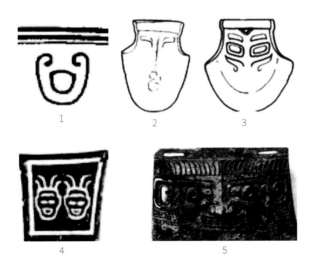

图 3-10　青铜兵器上的人面纹

（11）人形纹

在商代少数兵器上有人形纹饰。人面，有细身（图3-11）。

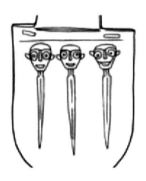

图3-11　青铜兵器上的人形纹

3.1.2　几何纹

几何纹指一些点、线、圈、角的集合。商代青铜兵器上的几何纹主要有圆圈纹、云雷纹、四瓣花纹、涡纹、叶脉纹、燕尾纹、弦纹、三角纹、方格纹等。

（1）圆圈纹

即以空心圆圈成带状排列，围成一周的纹饰（图3-12）。

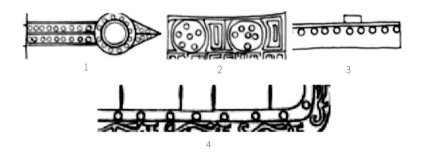

图3-12　商代青铜兵器上的圆圈纹

（2）云雷纹

云雷纹是以螺线为基础构成的纹样（图3-13），在商代青铜兵器使用较多。

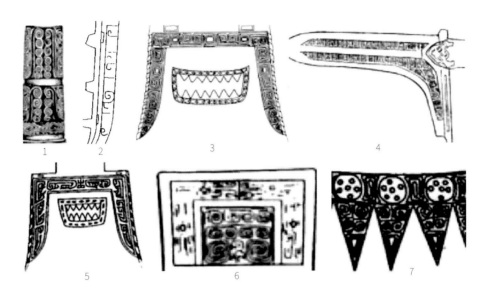

图 3-13　商代青铜兵器上的云雷纹

（3）涡纹

因为其形体近似水涡而得名，中心小圆圈似水涡中心，四五条同向的弧线表示旋转的水流（图3-14）。也有学者称之为"圆涡纹"。当然，也有一些学者认为这种纹饰就是甲骨文中的冏字，冏纹就是太阳纹，太阳就是火，故称之为火纹。甲骨文中的冏字中间并无圆圈，与此纹饰不合，故此处仍用涡纹名称。

图 3-14　商代青铜兵器上的涡纹

（4）四瓣花纹

四瓣花纹，又称为四瓣目纹、四叶纹、四瓣纹，一般是在中间有一个"日"字形花纹，四角附以4个等大花瓣形或月牙形弧角，弧角中部向中心凹入（图3-15）。

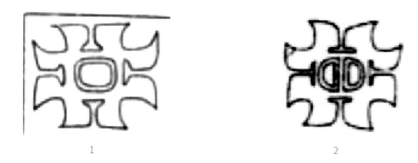

图 3-15　商代青铜兵器上的四瓣花纹

（5）燕尾纹

形似燕子尾巴。在新干大洋洲的几件青铜兵器上有燕尾纹。标本 XDM：97 矛骹部纹饰，为一排镂空的燕尾纹，原来镶嵌绿松石（图3-16）。

图 3-16　商代青铜兵器上的燕尾纹

（6）叶脉纹

形似叶脉状。标本 PLZM2：56 矛骸部纹饰（图 3-17）。

图 3-17　商代青铜兵器上的叶脉纹

（7）三角纹

三角纹主要有两种形式：作为主纹的三角纹，主要施于钺身，如苏埠屯 M8：30 钺身纹饰；作为补充纹饰多填充在蝉纹腹尾部或雷纹的半部（图 3-18）。

图 3-18　商代青铜兵器上的三角纹

（8）方格纹

方格纹主要是在戈内部，或者为长方形，或者为少1边的不闭合形。花园庄东地M48：4戈内后纹饰为被两条横线和一条纵线分成的6个方格，每格内有一个圆形凸起。此外，在短剑和兽首刀的刀柄上多见小方格纹（图3-19）。

图 3-19　商代青铜兵器上的方格纹

（9）羽状纹

在少数青铜兵器上有近似羽毛状纹饰，或者为斜弧形，或者近立刀形（图3-20）。

 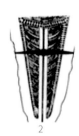

图 3-20　商代青铜兵器上的羽状纹

（10）其他

在少数青铜兵器上还有弦纹和凹槽，多与其他纹饰相配。前者一般是凸起的线条，可以是一道，也可以是数道。后者根据兵器（主要是援、戈）内部特征，成不闭合的形状（图3-21）。

图 3-21　其他

3.2 殷墟青铜兵器的铭文

商代青铜兵器上的铭文并不多。商代青铜兵器上的铭文始见于中商时期，一直流行到殷墟四期。据《殷周金文集成释文》[1]所收资料和近年来的资料，商代有铭铜戈至少313件，有铭铜钺43件，有铭铜矛81件，有铭卷头刀7件，有铭铜胄26件。其中，殷墟有铭铜戈63件，有铭铜胄26件，有铭铜钺12件，有铭铜矛8件[2]。

与商代青铜礼器铭文相比，商代青铜兵器的铭文也有时代特征，并有侧重。

商代青铜兵器铭文以族徽为主，族徽为主占到70%左右。而且多为1个字，复合族徽极少。尽管族徽不同，但兵器的形制相似，说明当时不同族氏所配备的兵器是近同的。青铜礼器商代末年的祭祀和赏赐类的铭文均不见于铜兵器。

大多数族徽的象形意味浓厚，形象逼真如"戈""萬""舟""箙"最具代表性（图3-22）。

图3-22 青铜兵器上的铭文

1. 中国社会科学院考古研究所编：《殷周金文集成释文》第六卷第十七、十八分册，香港中文大学出版社2000年版。
2. 严志斌、洪梅：《殷墟青铜器》，上海大学出版社2008年版，第180页。

3.3 殷墟青铜兵器纹饰与铭文的组合和特点

商代青铜兵器纹饰与铭文共存组合的数量并不多。主要见于铜钺、戈上，卷头刀上偶见。

铜戈的内部，常常在不封口的方格内或简化立刀对夔间有族徽类铭文（图3-23，1-4）；或者两面均有纹饰和铭文，两面铭文为合成式（图3-23，5、7）；或者一面为铭文、一面为纹饰（图3-23，6-7）。铜戈有纹饰或铭文者大多为直内戈、直内歧刺戈和銎内戈内部，偶见鸟首曲内者（图3-23，8）[1]。

铜钺铭文一般见于内部，或者置于对夔之间，偶见于兽面纹一角。钺身一般为兽面纹、圆圈纹和三角蝉纹，或人面纹。钺身有铭文者，仅见于妇好钺、亚启钺、亚丑钺和父钺，这种组合，内部或有小兽面纹，钺身上部饰对虎食人或兽面纹，下为铭文，亚丑钺铭文在兽嘴两侧（图3-23，9）。

铜矛极少见纹饰和铭文共存者。

铜刀纹饰和铭文共存者仅见于2001HDM54，铭文均排在一排夔龙纹身后（图3-23，10）。

---

1. 在《殷周金文集成》中曲内鸟首戈上有铭文者共9件（即编号10656—10664），在考古发掘的墓葬中尚未见此类戈有铭文者。

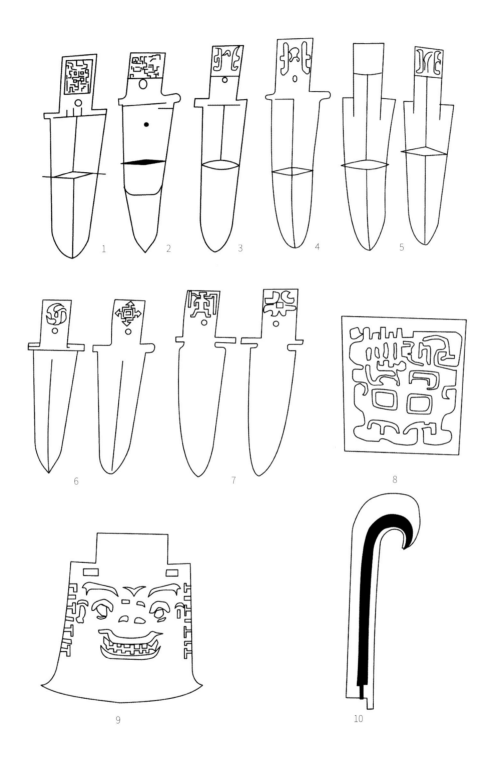

图 3-23 青铜兵器纹饰和铭文共存图（郭振绘）

AR+ 使用说明

一、下载与安装

1. 安卓系统：扫描以下二维码，下载安装"AR 殷墟青铜兵器.apk"。

百度网盘　　　腾讯微云

2. 苹果系统：扫描以下二维码，根据视频教程下载安装"AR 殷墟青铜兵器 APP"。

二、使用方法

1. 在手机桌面点击 AR 殷墟青铜兵器的图标，进入 AR 殷墟青铜兵器应用程序。

2. 点击"始终允许"同意拍摄照片和录制视频的请求。

3. 点击"进入殷墟"。

4. 将手机摄像头对准书中标有"AR+"的图片。

5. 识别成功后,手机上会出现对应的三维模型和声音,可用手指拖动对模型进行旋转,点击模型会出现文物介绍等。

6. 点击"返回"可退出至初始界面。

兵器青铜

AR+
殷墟

AR+ 殷墟

兵器 青铜

AR+ 殷墟

青铜兵器(下)

考古发掘

柴秋霞　主编

上海大学出版社
·上海·

目 录

第一章 殷墟青铜兵器的考古发掘

1.1 殷墟兵器一期考古发掘　　　　　　　　　　4

1.2 殷墟兵器二期考古发掘　　　　　　　　　　8

1.3 殷墟兵器三期考古发掘　　　　　　　　　　31

1.4 殷墟兵器四期考古发掘　　　　　　　　　　38

第二章　殷墟青铜兵器所反映的军事生活

2.1　殷商的兵种　　　　　　　　　　　　　44

2.1　殷商的作战方式　　　　　　　　　　　47

第三章　殷墟青铜兵器所反映的青铜文明

3.1　商文化的统领地位　　　　　　　　　　54

3.1　各青铜文化之间的影响模式　　　　　　55

3.3　青铜兵器是商文明的标识之一　　　　　65

AR+ 使用说明　　　　　　　　　　　　　70

兵器 青铜

AR+
殷墟

第一章 殷墟青铜兵器的考古发掘

殷墟遗址分布图

图例

 王陵遗址区

 宫殿宗庙遗址区

 洹北商城遗址区

 后岗遗址区

 墓葬

 居住遗迹

1.1 殷墟兵器一期考古发掘

1959 年春,根据群众提供的线索,中国科学院考古研究所安阳发掘队在安阳武官村北约 1000 米处发掘了殷墓一座和祭祀坑一排十座。

这座殷墓位于武官大墓南墓道东南 90 余米。墓圹作长方竖井形,口距地表深 0.5 米,在殷代文化层见口。口部长 3.75 米、宽 2 米。底距墓口约 5.4 米。底大于墓口。墓底已深入浅水面约 0.9 米,发现人架一具及随葬品等,但详细情况不明。在人架之下有一腰坑。

在椁室二层台东西两侧台面的边沿上,各有殉人一个,头均向北,与墓主人的头向一致。他们的骨骼已严重腐朽,葬式不明。在东边的一具殉人的脚端,埋有殉葬的人头四个,人头由北向南排列。在人头的东侧有殉狗一只。墓主人的骨架位于墓底中部,头北朝南,似为仰身葬。

墓中共出随葬品 24 件,其中铜器 16 件,陶器 8 件。铜器中有刀 2 件,其中 1 件残损,另 1 件凹背直柄,刀尖上翘,但稍残,刃部略内凹,残长 22.2 厘米,柄长 6.8 厘米;戈 4 件,其中 2 件直内,1 件磬折曲内,1 件銎内[1](图 1–1)。

---

1. 中国社会科学院考古研究所安阳工作队:《安阳武官村北的一座殷墓》,载《考古》1979 年第 3 期。

考古发掘

AR+ 殷墟青铜兵器（下）

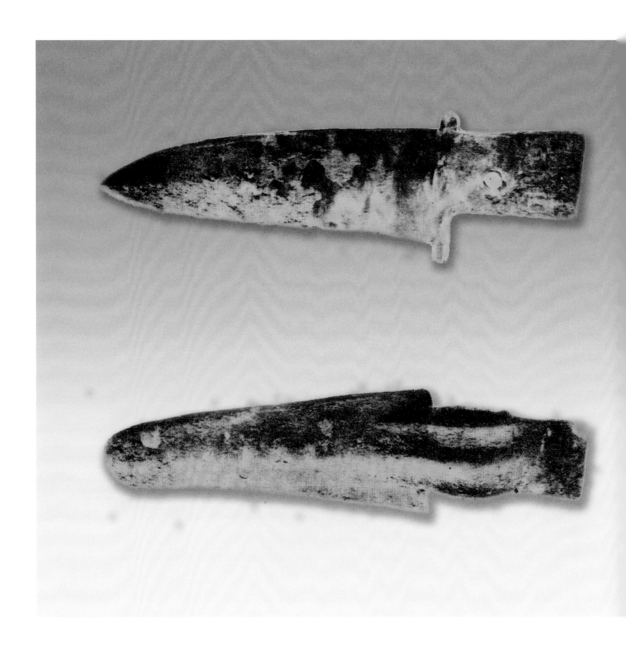

考古发掘

图 1-1　武官 M1 出土的铜刀、铜戈

1.2 殷墟兵器二期考古发掘

1.2.1 妇好墓出土的兵器

妇好墓是 1928 年以来殷墟宫殿宗庙区内最重要的考古发现之一,也是殷墟科学发掘以来发现的唯一保存完整的商代王室成员墓葬。该墓南北长 5.6 米、东西宽 4 米,深 7.5 米,无墓道。墓室上部有一与墓口大小相似的夯土房基,可能是用于祭祀的建筑。墓内有两层台和腰坑。东、西两壁各有一个长条形壁龛。葬具为木椁和木棺,椁长 5 米、宽 3.4—3.6 米、高 1.3 米。椁室在潜水面下,大部塌毁,棺木也已腐朽,从残迹可知曾多次髹漆,其上还附有一层麻布和一层薄绢。墓内殉人 16 个,其中 4 人在椁顶上部的填土中,2 人在东壁龛中,1 人在西壁龛中,1 人在腰坑中,8 人在椁内棺外。另外还有殉狗 6 只,1 只在腰坑中,余均埋在椁顶上部,墓主遗骸已朽。

妇好墓虽然墓室不大,但保存完好(图 1–2),随葬品极为丰富,共出土不同质料的随葬品 1928 件,有青铜器、玉器、宝石器、象牙器、骨器、蚌器等,最能体现殷墟文化发展水平的是青铜器和玉器。青铜器共 468 件,以礼器和武器为主,礼器类别较全,有炊器、食器、酒器、水器等。多成组或成对,如成组的有圆鼎 12 件,每组 6 件;铜斗 8 件,每组 4 件;大方鼎、四足觥各 1 对;还有成对的方壶、方尊、圆罍等,且多配有 10 觚、10 爵。

考古发掘

图1-2　妇好墓墓圹复原

有铭文的铜礼器 190 件，其中铸"妇好"铭文的共 109 件，占有铭文铜器的半数以上，且多大型重器和造型新颖别致的器物，如鸮尊、圈足觥，造型美观，花纹繁缛（图 1-3，1），三联甗、偶方彝（图 1-3，1），可说是首次问世。

妇好之名见于武丁时期甲骨文（图 1-4），生前曾主持祭祀，从事征战，地位显赫。妇好墓属殷墟早期，与武丁时代相合。墓主妇好当为武丁配偶。其重要性在于该墓保存得好，年代与墓主身份清楚，是商代晚期的一座王后墓。20 世纪 30 年代在侯家庄一带的王陵区内发掘的大墓均遭古今盗掘，因此对商代王室墓的全貌知之甚少。妇好墓的发掘在某种程度上弥补了这一缺憾。墓内所出的铜礼群和武器，以及大量玉石器（图 1-3，3）等，大体上反映了武丁前后商代礼器群的类别和组合，是研究商代礼制的重要资料。

尊立于妇好享堂前的汉白玉妇好雕像，是根据有关资料雕塑的。你看她目光炯炯，不怒而威，披坚执锐，威风凛凛，显示了华夏最早的巾帼女将的英姿和风采。她手持的这件龙纹大铜钺，是其生前使用过的武器，重 8.5 公斤；另一件虎纹铜钺

图 1-3　妇好墓出土器物举例

重9公斤（图1-5）。妇好使用如此重的兵器，可见武艺超群，力大过人。古代的斧钺主要用于治军，"钺"曾是军事统率权即王权的象征。

大铜钺是中国古代用于劈砍的格斗冷兵器，由斧身和斧柄组成。斧身为石质、铜质或铁质，斧柄为木质。钺与斧形制相近，区别是钺形体薄、刃部宽且呈圆瓜形。钺主要是作为军权的象征，所以钺大多铸造精良，表面上刻有人面或兽面纹饰，形象狰狞而华美，给人一种威慑力。

图1-4 "御妇好于父乙"卜辞（《英藏》149）

考古发掘

图 1-5 妇好墓龙纹大铜钺和虎纹铜钺

1.2.2 花园庄东地 M54 号墓出土的兵器

M54 号墓位于安阳殷墟宫殿宗庙内,向西约 100 米为花园庄村,东近洹河约 100 米,南距殷墟宫殿区防御沟 50 米,向北约 390 米是宫殿区的凹字形建筑,西北约 500 米是妇好墓,其东南 50 米处即是 1991 年发掘的 H3 甲骨坑。

2000 年 12 月 17 日,花园庄村村民向安阳考古队报告,有人夜间在花园庄村东的农田里活动,行动可疑,有盗掘古墓的可能。安阳考古队随即派技术人员到现场查看,果然,在之前钻探到的一座大墓上又有了新的钻孔。这个工地经有关部门审批,安阳考古队原打算在 2001 年春天土地解冻后发掘。鉴于当时的情况,决定立即进行抢救性发掘。自 2000 年 12 月 17 日下午至 2001 年 2 月 16 日,除去春节 7 天假期外,M54 的发掘工作共持续了 50 余天。

M54 号墓随葬的青铜器主要分两大部分放置,在椁室的南头,主要放置有方尊、青铜盂、平底爵、圆底爵等,还放置大量铜镞。在椁室的北头,主要放置有青铜鼎、簋、钺、陶器等,还有大量可能在椁室塌陷过程中落下的兵器;另有许多车马器及其配件,以各式铜泡为主,粗略可分大、中、小型三种,主要出在椁室的西部及南部,估计当时应是作为一种装饰品编串在一起的,出土时也较为集中(图 1-6)。

图 1-6 安阳殷墟花园庄东地商代墓葬

椁室内放置有大量青铜兵器、工具和装饰品等。其中兵器以铜镞数量最多，其次为戈和矛。青铜镞主体集中分布在椁室的西北部、东部和东南角，其他位置也有零星出土。在一堆出土的铜镞，其箭锋的方向较为一致，而且也发现有铜镞木杆，因此可知，当时的铜镞可能是集束捆扎在一起放置的。戈、矛主要集中在椁室的西北部及东南部。从出土的位置来看，当时摆放戈、矛是注意其方向性的。大体以椁室中部为界，椁室北部的戈、矛出土时其头部一般朝北，而椁室南部的戈、矛出土时其头部则朝南。而且戈、矛大多集束成堆出土，零星出土的不多。可喜的是，该次发掘，清理出的有銎戈和矛大多带有木柲，最长的达14厘米。部分木柲之上有漆皮痕迹，如20、21、22号矛及34、42号戈等；另有一些戈、矛之上发现有丝织品包裹迹象，如115、118号矛等。由于丝织品已腐蚀成泥，只能从器物表面看到其经纬痕迹。

M54号墓共出土青铜钺7件，其中有3件出在椁室西部偏北靠近棺室处，另一件位于207号石磬的东部。卷首刀共有3把，87号叠压88号，两者放在89、91青铜钺上，另1把位于椁室西北部206号青铜觚的东部，刀头插在224号圆鼎下。151号刀与149号铜勺放在一起，位于棺的西北角。300、301号兽首刀位于207号石磬的北部，出土时两者锈蚀在一起，而279号铜刀已落入棺内。（图1–7至图1–12）

图 1-7 花园庄东地 M54 号墓出土的矛

图 1-8 花园庄东地 M54 号墓出土的 149 号铜勺

图 1-9 花园庄东地 M54 号墓出土的钺

图 1-10　花园庄东地 M54 号墓出土的戈

图 1-11　花园庄东地 M54 号墓出土的卷首刀

图 1-12　花园庄东地 M54 号墓出土的 151 号刀

1.2.3 车马坑 M20 号墓出土的兵器

车马坑 M20 号墓位于安阳市小屯村，墓形为长方形（图 1-13）。南北长 2.7 米，东西宽 2 米。方向为东北 8 度，周边整齐，内填夯土，没有被扰乱的迹象。

发掘此墓的高去寻先生对车马坑 M20 号墓有一个简略的叙述：在此墓坑的最南端有着四个马头看得很清楚。在它们的南边更有四个所谓"鸡心饰"铜器。在马首最近的地方或它的上边都有贝和铜泡（图 1-14），并且那些铜泡互相连接着，由南端一直到北边与排列成椭圆圈形的许多铜泡子相连接。四个马首都有铜泡，也成这种样子互相连接。不过在中间的两个因未剥剔十分清楚而已。由马骨往北，除上述之铜泡外，还有两个"铜夹板"紧挨铜泡最多的一个马首和第三个（由东往西），再往北便可看到许多马骨，可见到许多车器，并由许多铜泡圈成一个椭圆形圈子，在圈子里面有许多玉器和铜戈、铜镞、铜兽头刀子及弓饰。在圈子外边西南的地方除"铜泡子带"以外，又有车器、玉器、骨器、铜戈头、铜镞、铜弓饰及兽头刀子，在圈子外边的西北方又有玉器、石簇头、车器、铜铃等。在圈子以内和它附近有一片一片的朱漆铺着，有许多玉器。铜器涂有朱漆，又发现一张铜弓背上饰器，在它与木质接近的里面仍存有朱漆（当时弓饰与朽烂之木相连，但起出时木质振落了）。在铜泡子圈北边，平放着两个人架，俯身，首东足西，全身皆涂朱漆，骨骼保存得并不是很好。在坑子的四角地方，各有一个铜杠头，特别要提及的是在墓坑中东边壁旁中部地方有一个人头骨，高出以上所述出土品约 2 寸以上，埋着它的是极坚硬的夯土。

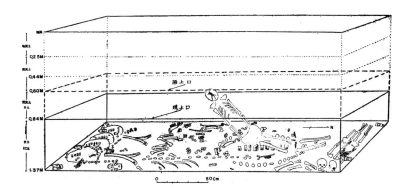

图 1-13　小屯车马坑 M20 号墓透视图

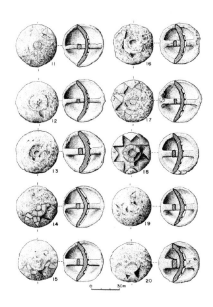

图 1-14　车马坑 M20 号墓出土的铜泡（《小屯·北组墓葬》图版壹肆）

1.2.4 车马坑 M20 号墓出土的兵器

（1）镞

铜镞一组10枚，出土在舆盘的东北部，锋尖向东，铤部在西，为东西向放置，被压在一个戈的下面，其形式都是双翅高脊式。10个铜镞紧密而整齐地排成上下两排，最北的一个镞与戈阑南北相齐，若沿着镞的北边与它自己的铤平行东西画一条线，则这条直线恰好压在戈的阑上，这个现象说明箭杆和戈柄平行而靠拢在一起。箭袋宽约125毫米，由麻或竹做成，有很清楚的编织纹为证，在编织物上用朱红色画着兽头。另外在戈尖上有一段很光滑的苇子皮的遗存，其上涂着朱红，可能为原来的箭杆所遗，据此可以推定：箭杆由苇子做成，箭袋由麻做成，其上并画着纹饰，故这个箭袋子可能为扁的长方形（图1-15）。如此，戈才可以平放得稳。李济在《记小屯出土之青铜器（中篇）》一文中对小屯铜镞三式有具体描述（图1-16）。

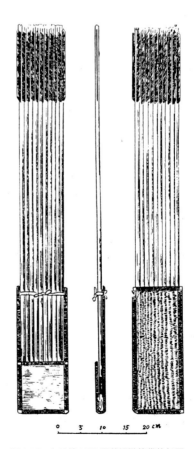

图 1-15　车马坑 M20 号墓铜镞箭袋的复原

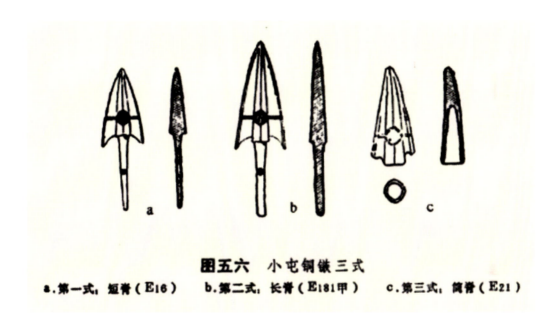

图 1-16　李济《记小屯出土之青铜器(中篇)》一文中关于"镞"的插图
(载《考古学报》1949 年第 4 期)

（2）戈

铜戈出土在舆盘内的东北隅，并压在一组铜镞之上。它的放置是援端向南、内端向北、上刃向东、下刃向西（图1-17，1）。形制为曲内式（图1-17，2），戈柄虽残毁无存但显示为向西放着。头向外，臣形目，嘴向下，尾向上翘，作侧面形，一立腿并有爪，全部用绿松石镶成，唯高度氧化，内部折断。在戈的下面印有朱红色的纹饰似为兽面，朱红直接印在戈上，朱红之上另有人字形编织纹，人字形的编织纹则挨着箭杆，较上面的布纹为粗，可推知袋或由麻布做成。在戈上另有一层较细的东西，在朱红之下，与上面印的布纹或丝织品为同类的东西，因为两面都是挨着戈身，可能为包戈所用。在从前是否有戈鞘的东西，不得而知。在戈尖上另有苇皮痕迹一段，非常光滑，其上涂有朱红，可能为箭杆的遗存。援有侧阑，阑前有一圆孔。石璋如在《小屯殷代的成套兵器》一文中对戈的各种装置有具体描述（图1-18）。

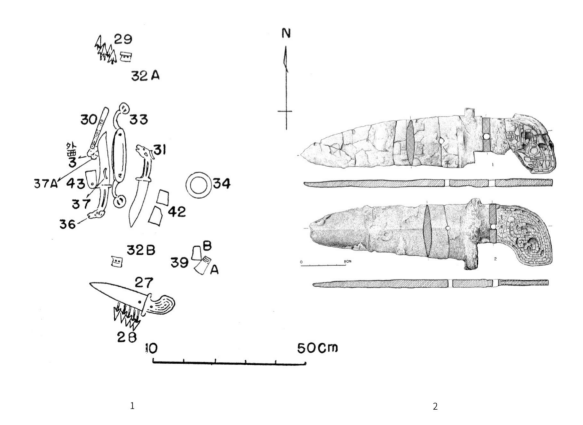

图1-17　车马坑M20号墓出土铜戈位置示意图及线描图

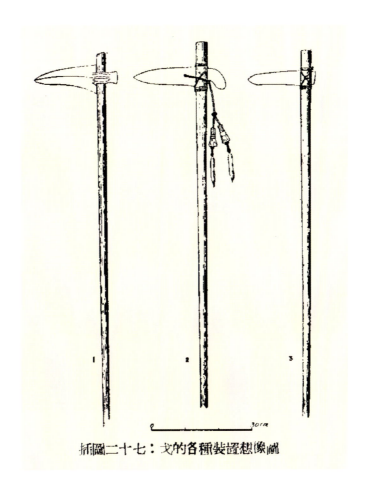

图 1-18　石璋如《小屯殷代的成套兵器》一文中关于"戈"的插图
（载《历史语言研究所集刊》，1950 年）

（3）刀

马头刀一件，为铜质，出土在舆盘内的西北隅。它的放置是末端向东、本端向西、刃边向南、背边向北平卧着，刀片折断，但可相接。它的形状略作弯形，全身可分为三部，即身、柄、本（图1-19）。身部的刃为两面斜的中锋，刃利尖锐，背较宽厚而略向上拱，背及身的横断面呈钉子形，身与柄交接处作斜坡形并有下阑。柄为实心作腰圆形长条，接近身的一端较粗，接近本的一端较细，两侧面中有一条窄缝，通透，柄上全部光素。本端为马头形，两耳耸起，尖向上，耳孔内镶嵌着绿松石。正当额处为菱形方孔，孔内也镶有绿松石。在额的两旁为鼓起的圆眼一对，其内镶有绿松石以作目珠。额下的鼻梁略向下凹，鼻头则又高起，鼻孔为绿锈遮蔽。口微张向下，没有牙齿的刻画。全身绿锈斑斑，保存尚好。从背刃及下阑观察，这把刀当是有鞘的。

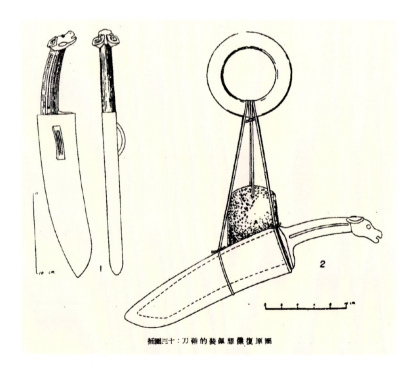

图1-19　石璋如《小屯殷代的成套兵器》一文中关于"刀"的插图
（载《历史语言研究所集刊》，1950年）

1.3 殷墟兵器三期考古发掘

1.3.1 郭家庄 M160 号墓出土的兵器

郭家庄 M160 号墓位于安阳市，商代晚期都城殷墟宫殿区东南 1.5 公里的郭家庄村，于 1990 年由中国社会科学院考古研究所安阳工作队发掘。该墓为一座大型竖穴土坑墓（图 1-20）。长 4.5 米，宽 2.9 米，深 5.7 米，面积 13.05 平方米。墓室四周有二层台，墓底中部有长方形腰坑。葬具包括棺和椁。墓主人头向东，足朝西。墓室内有 4 名殉葬人。其中二层台上 1 名，椁室内 2 名，腰坑内 1 名。

图 1-20　M160 号墓墓室全景

墓内共有随葬品 353 件，包括铜、玉、陶、石、骨、牙器以及竹器和漆器。以青铜器最多，计有礼器 40 件、兵器（主要是戈和矛）291 余件。该墓保存完好，未被盗掘，是继殷墟妇好墓之后发现的出土文物最丰富的墓葬。

墓中随葬青铜礼器多为方形，如方觚、方斝、方尊等，更有 10 套共 20 件铜角和方觚。殷墟时期，配套使用的青铜酒器觚和爵（或角）是墓主人生前重要的身份、地位的象征。商王武丁之王后妇好之墓中，如以形制和铭文区分，配套的铜觚、爵也是 10 套。由此可见郭家庄 M160 号墓墓主的等级之高。

在部分铜器上铸有"亚止"铭文，据研究，"亚"是指当时拥有军权的武官，"止"则是该墓主的族名，从随葬品和铭文可以判断，这位拥有军权的"止"姓武官应是当时的高级贵族。郭家庄 M160 号墓的年代属殷墟文化三期。在该墓西南约 30 米处，埋有时代相同、方向也一致的车马坑两座，应是墓主人"亚止"的陪葬车马坑。

郭家庄 M160 号墓中的兵器有大刀 2 件，成对（图 1-21）；戈 119 件，多为銎内戈，少量曲内戈（图 1-22）；矛 97 件，形制接近（图 1-23）；铜钺 3 件（图 1-24）；镞近千件。

考古发掘

图 1-21　M160 号墓出土的刀

图 1-22　M160 号墓出土的戈

图 1-23　M160 号墓出土的矛

图 1-24　M160 号墓出土的钺

1.3.2 戚家庄 M269 号墓出土的兵器

戚家庄 M269 号墓位于安阳钢铁厂新建第四生活区院内。1984 年 9、10 月间，在该墓地西北角进行最后阶段的钻探工作，发现殷代墓葬 6 座及殷代灰坑等遗迹。其中 M269 号墓是在 10 月份钻探时发现的。10 月份的一天，主持该项目工作的孟宪武前去工地查看，钻探老技工陈师傅将孟宪武叫到旁边，指着 M269 号墓的地方小声说：这个墓内有铜器，有一个探眼打到了铜器上，探铲怎么也打不下去，探铲多次带上了铜锈、红漆皮棺漆，漆皮很厚。陈师傅的话当时就引起了孟宪武的高度重视，随之安排夜班加强力量进行看护。

M269 号墓的发掘工作开始于 10 月 28 日，11 月 12 日结束。该墓出土遗物极为丰富，有陶器、铜器、玉器、骨器等。

随葬兵器包括戈、矛、钺、大刀等四种，组合与郭家庄 M160 号墓相同，可见墓主应是一位军事贵族，但兵器数量与 M160 号墓差别很大，其中戈、矛、大刀部分质地轻薄，应为明器，少数质厚重，当为实用器，计刀 2 件（图 1-25）、戈 13 件（图 1-26）、凿 1 件（图 1-27）、矛 12 件（图 1-28）、钺 2 件、斧 1 件。

图 1-25　戚家庄 M269 号墓出土的刀

图 1-26　戚家庄 M269 号墓出土的戈

图 1-27　戚家庄 M269 号墓出土的凿　　　　　图 1-28　戚家庄 M269 号墓出土的矛

1.4 殷墟兵器四期考古发掘

1.4.1 大司空 M303 号墓出土的兵器

大司空遗址是殷墟的重要组成部分。早在 20 世纪 30 年代，中央研究院历史语言研究所就曾在大司空东南地进行大规模的发掘，不仅清理了大批墓葬、房基、灰坑、窖穴，而且还清理了部分与铸铜有关的遗迹，获得了包括铸范在内的一批遗物。五六十年代，中国科学院考古研究所和河南省文物工作队为配合豫北纱厂的基本建设，曾在大司空村东地和南地进行了多次发掘，为研究殷代墓葬的分期和陶器组合提供了科学资料。2004 年春夏，豫北纱厂早年所建厂房已成危房，中国社会科学院考古研究所安阳队对此区域进行了补充发掘，共清理房基 70 余座，灰坑、窖穴和水井近 500 座，墓葬 480 余座，车马坑 4 座，获得了大批有价值的遗物。其中 303 号墓是这次清理的保存完整、出土遗物最丰富的一座墓葬。

M303 号墓出土了大量兵器，其中铜矛 38 件（图 1-29）、铜戈 30 件（图 1-30），铜镞 97 件。

图 1-29　大司空 M303 号墓出土的铜矛

图 1-30　大司空 M303 号墓出土的铜戈

1.4.2 刘家庄北 1046 号墓出土的兵器

刘家庄位于安阳市西 2 公里，距小屯村 2 公里，其北是一处大型家族墓地。1986 年至今，刘家庄被发掘了近 1200 座墓葬，其中殷墓已达千余座。安阳市博物馆和文物工作队在该地亦发掘了百余座殷墓。

1999 年 9 月，为配合安阳市贞元集团开发的住宅小区——同乐花园（刘家庄北）建设，M1046 这座殷代贵族墓被发掘出，该墓开口于第三层（汉代文化层）下，打破第四层（殷墟四期）和第五层（殷墟二期）文化层。此墓未经盗扰，材料丰富且较为重要。

该墓随葬的青铜兵器较多，墓主人应属担任一定武职的殷代高级贵族。共出土兵器 240 件，包括戈、矛、镞、刀等五种，其中戈 28 件、矛 27 件、镞 183 件、刀 1 件（图 1–31）。

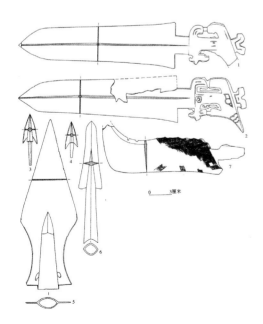

图 1-31 刘家庄北 1046 号墓出土的兵器线描图

AR+
殷墟

青铜兵器

第二章 殷墟青铜兵器所反映的军事生活

作为将士必具的装备，兵器的种类和发展取决于当时的战争和兵种的需要，殷商时期的兵器演变在一定程度上也反映了当时的兵种和作战方式。当然，影响和决定战争的因素还有很多，诸如战略技术、军事制度，政治因素、文化传统，等等。

2.1 殷商的兵种

据现有资料，商代的兵种有步兵、车兵、射手等，或有骑兵（马队）。在甲骨文中，关于步兵的记载很多。

从步兵配备的戈、矛来看，殷墟大多数墓出土的器物为1套铜觚爵或1套陶觚爵，这说明这些墓主是商代的普通平民。铜戈和矛的配备比较单一，说明这些墓主显然是"亦农亦兵"。出1套铜觚爵、陶觚爵者的墓葬，伴出戈者119座，戈、镞共出者19座，戈、矛、镞共出者15座，戈、矛共出者28座墓，矛、镞共出者9座，共190座，占统计的所有墓葬的50%，可见当时的社会很可能存在"兵民合一"的情况，即商代社会中的平民阶层是"战时为兵，闲时为民"的，这种社会组织形态是为商代常备军的重要补充[1]。

商代晚期的车兵得到考古材料的证实。在偃师商城北城墙内侧的商代路土上方发现了商代早期的车辙，但其距城墙很近，为避免转弯时刮触城墙，车轮、车尾与车辕和整车车体势必要短小。这样的双轮小车，车厢显然不宽，上面只能乘坐1人，可能是人力车[2]。

---

1. 此观点是受岳洪彬启发而来的，谨此致谢。宋镇豪先生也指出末流贵族或中上层平民，有的可能为下层官员或战士，他们中多数人平时参加生产劳动，战时服兵役（《夏商社会生活史》，中国社会科学出版社，1994年版，第223页）。
2. 冯好：《关于商代车制的几个问题》，载《考古与文物》2003年第5期。

商代晚期的家马开始出现于黄河中下游[1]，马车主要出自安阳殷墟，在陕西西安老牛坡、渭南南堡和山西灵石旌介村及山东青州苏埠屯、滕州前掌大也有发现。一般为一车二马，年代为殷墟二期之后（图2-1）。在殷墟发现两种车辙，轮距为1.3—1.5米和2.4米[2]，前者显然无法用于战场，后者与殷墟发现的车马坑一致。从殷墟的车马坑看，车厢有立柱和横木条围成阑式结构，舆后有窄门，车厢的面积多在1平方米或稍多。就容量而言，长方形舆的车厢最多可容纳2—3人，乘员或平行横列或前后略有间距；其他舆形的车子估计最多能乘2人。而商代车轨较宽、辐条较少、车厢低小，乘员跪坐与踞坐显然是最适宜的。因为踞坐时两腿稍分，重心下移，稳定性更强，以这样的乘坐方式最多可乘2人。在商代晚期的车马坑中，18座放置了兵器。但其形制与其他车马坑没有区别，应是一车多用，不存在用途上的专门区分。

射手也是商代一支重要的兵种。在商代青铜兵器组合中，镞是仅次于戈的一种，铜镞的使用在早商至中商时期处于不稳定状态，随着铸铜技术的发展，铜镞越来越多，镞的使用在晚商四期达到顶峰。

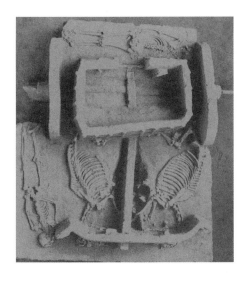

图 2-1　殷墟出土的一车二马

1. 袁靖:《中国古代家马的研究》，陕西省文物局等编：《中国史前考古学研究》，三秦出版社2003年版，第436-443页。
2. 中国社会科学院考古研究所安阳工作队：《河南安阳市殷墟刘家庄北地2008年发掘简报》，载《考古》2009年第7期。

镞在商代战争中具有重要的作用，"商代军队一般的教育训练是通过田猎进行的"[1]。这种训练方法，所使用的器具与战争中的兵器基本相同，而田猎中因追逐猎物，射的作用较重要。相应的，射手的地位亦逐渐提高，并逐步有了较固定的射队组织（即甲骨文中有百射、三百射之记录）。王宇信认为甲骨文中的射就是射手，商代有100人、300人的射队组织，在王身边，护卫王的安全[2]。所以，在甲骨文中以矢为偏旁的字有90多个的现象就不难理解。

至于商代是否有骑兵，迄今尚无定论，刘一曼认为商代晚期因受北方草原民族影响，出现了骑兵[3]。甲骨文中有"多马""多马亚""马亚""马小臣"等武职，有用马队追捕羌人的卜辞，也有征集马匹，以供打仗的记载。在殷墟王陵区祭祀坑、殷墟西区、郭家庄均发现随葬马和马具（铜马衔、镳）的墓葬，如郭庄北M6号墓出土17件青铜礼器（含3套觚爵），还有4铜镳、1小型钺、1大刀、1戈、12镞，墓主可能是骑兵的首领。殷墟西区M53号墓出土铜镳，1铜戈、4镞，后岗M33号墓出土1铜马衔、4戈、2镞、1骨镞，伴出青铜觚爵1套，这两座墓墓主可能是骑兵或骑兵的低级军官。

---

1. 罗琨、张永山：《夏商西周军事史》，军事科学出版社1998年版，第137页。
2. 王宇信：《甲骨文马、射的再考察——兼驳马、射与战车的相配置》，《第三届国际中国古文字学研讨会论文集》，香港中文大学，1997年。
3. 刘一曼：《略论商代后期军队的武器装备与兵种》，《商承祚教授百年诞生纪念文集》，文物出版社2003年版，第179—188页。

2.2 殷商的作战方式

商代战争的方式与当时的兵种直接相关。在以上四个兵种中，以哪个兵种为主，学者之间有不同的看法：一种意见认为以车兵或步兵与车兵为主[1]，另一种意见认为以步兵为主，其他兵种处于次要地位[2]。

战争的形式与武器装备直接相关，作为其物化形式，兵器的种类、形制、数量和组合取决于也直接反映着战争形式，反过来也对战争形式起促进和制约作用。商代的兵器主要是戈、矛、镞，其分别起着近距离交战和远距离射杀的作用（《尉缭子·制谈》载："杀人于百步之外者，弓矢也；杀人于五十步之内者，矛戟也。"）。一些文献中对商代主要兵器也有相关记载，《六韬》佚文（《北堂书钞》一百二十三引）亦云："纣之卒，握炭流汤者，十八人，绾矛杀百步之外者，千人"；《尚书·牧誓》："称尔干，比尔戈，立尔矛。"

图 2-2 为殷墟乙七宗庙基址 M167 祭祀坑中手持虎纹盾牌和青铜戈的武士。

图 2-2 M167 祭祀坑中手持虎纹盾牌和青铜戈的武士

1. 杨升南:《略论商代的军队》,《甲骨探史录》,生活·读书·新知三联书店,1982；孙淼:《夏商史稿》,文物出版社 1987 年版；罗琨、张永山:《夏商西周军事史》,军事科学出版社 1998 年版,第 134 页。
2. 杨泓:《商代的兵器与战车》,《中国商文化国际学术讨论会论文集》,中国大百科全书出版社 1998 年版,第 358—365 页；杨英杰:《战车与车战》,东北师范大学出版社 1986 年版,第 273—274 页。

首先，从商代青铜兵器的形制分析。铜戈是商代最重要的兵器，其主流是无胡直内戈、曲内戈、銎内戈。夹内式和銎装[1]以及少量的有翼均是为了增强戈头与戈柲的牢固性，多样化的绑缚方式旨在克服戈的后陷，这种情况下的戈只可能是重在前啄上。有胡戈在晚商时期出现，且为增多之势，但始终不占主流地位，处于一种试验阶段，且前锋尖锐与圆钝者并存，胡的长短及其上的穿不一，与木柲的结合方式与无胡戈相同。有胡戈的使用及其形态的变化显然是加强戈的下勾作用，但由于此阶段有胡戈的形制不完善，所以实用中仍处于末流[2]。无论何种型式的戈，上下刃均不发达，很难具有上椿下勾的功能；而且各类戈的前锋越来越尖锐，当与其啄击杀伤力的加强有关。而在步战条件下用戈，啄击最为有效[3]，反过来，啄击功能的戈应是步兵的兵器。

铜矛始见于商代中期，但数量很少，为柳叶矛。商代晚期尤其在殷墟三期之后铜矛的数量大增，且新增了三角叶矛、亚腰叶矛，在许多墓葬中矛成批出土，有些明显是一套。商代的矛，前锋尖利，刺击效果较强，骹及其上的双环说明矛头与木柲的结合程度不够，因而对矛的把握主要集中于手持上，这样，矛前刺的命中率就主要取决于臂力及使用者的灵活度，比较适宜步兵作战，很难满足于机动的车战。另一类前刺兵器短剑数量少、尺寸小，只能用于防身或近攻，显然不能用于车战。

铜钺、有銎战斧、刀作为劈砍兵器，适合于近距离交战。戟仅发现3件，1例是戈矛联装，2件为直内戈与条形带穿刀合体浑铸，从其形态看，兼具刺、啄功能，还没有适应车战的勾杀功能。

---

1. 在殷墟博物院，大司空2004AST1418M303所出的有銎带胡戈（M303：103、145）和2001HDM54所出的銎内戈均清晰地展示了当时的绑定方法。銎内装柲，柲上端用木钉固定，下端用木柲夹固，内下端的木柲较上端宽。
2. 在一些金文中有戈置于人头之上的现象，这应该是有胡戈的使用方法。但这些金文毕竟是少数。
3. 沈融：《论早期青铜戈的使用法》，载《考古》1992年第1期。

各种兵器的长度也有助于理解其使用情况，这可从发现的木柲朽痕中进行推测。商代早中期的兵器长度不清。商代晚期的戈柲发现稍多，安阳西北岗 1004 号大墓的有銎戈柲长约 1 米[1]，53 大司空 M21 发现的中胡二穿戈木柲长度也是 1 米[2]，台西 M17 的戈柲长 87 厘米、戈矛联装的戟柲长度为 85 厘米[3]，大辛庄 11M5 发现的铜戣柲长 45 厘米[4]。金文中也有士兵一手持戈、一手拿盾的各种形象（图 2-3），戈柲较短，仅及人体高的 1/2—1/3。郭家庄 M220 出土的一件瓠，上面有一个铭文，释读为"𢆶"，生动地描绘出一个手持戈的武士形象。商代的戈属于短柲，只能用于近距离的搏斗，适于步兵使用。青铜矛的长度略长些，53 大司空 M312 墓出土的 10 件矛鐓端涂朱的朽木痕长 1.4 米[5]。2003 年在安阳孝民屯一个属于晚商三段的墓葬（03AXSM847）中，发现一个带柲的矛，柲长 2.6 米，加上矛头总长当在 2.75 米[6]。这个发现只是孤例，且其长度仍不够当时车战所需[7]。矛的长度也只适合于徒兵格斗。关于钺的长度，在老牛坡发现约 60 厘米的木朽痕迹[8]。兽首刀的形制决定了其只能是短兵器。

1. 梁思永、高去寻：《侯家庄第五本·1004 号大墓》，历史语言研究所，1970 年。
2. 马得志周永珍张云鹏：《一九五三年安阳大司空村发掘报告》，《考古学报》第九册，1955 年。
3. 河北省文物研究所：《藁城台西商代遗址》，文物出版社 1985 年版，第 134、149 页。
4. 山东大学东方考古研究中心：《大辛庄遗址 1984 年秋试掘报告》，《东方考古》第 4 集，第 311 页。
5. 马得志周永珍张云鹏：《一九五三年安阳大司空发掘报告》，《载考古学报》第九册，1955 年。
6. 中国社会科学院考古研究所：《安阳殷墟花园庄东地商代墓葬》，科学出版社 2007 年版，第 221 页。
7. 杨泓在《商代的兵器与战车》《中国商文化国际学术讨论会论文集》，中国大百科全书出版社 1998 年版，第 358—365 页）一文中指出：周时战车用矛已达 3.5—4.3 米，商代矛的长度即便个别到 2 米多，仍不能在两车错毂时用于格斗，故商矛仍是短兵器。
8. 刘士莪：《老牛坡》，陕西人民出版社 2002 年版，第 270 页。

图 2-3　有兵器的金文

但是，在殷墟车马坑中大约1/3的车上或近旁有兵器，一般为戈、镞、兽首刀，如郭M160的陪葬坑M147中埋葬了銎内无胡戈2件、铜镞12件[1]，山东前掌大M119的车马坑M4车箱中也随葬长胡直内戈1件、镞数件[2]。可见，这些兵器应该是为战车所配备[3]，但是此时期车战较固定的兵器组合与步兵的相同，战车速度较快，要求作战双方在有限的时间内迅速有效地杀伤对方；而短柄的刺兵和啄兵难以在颠簸快速运转的车上准确命中，所以，商代晚期的兵器配备无法满足车战的需要。商代晚期始终没有制造出适宜两车错毂时用于勾杀的长柄兵器和防护装具。

1. 中国社会科学院考古研究所：《安阳殷墟郭家庄商代墓葬》，中国大百科全书出版社1998年版，第143-146页。
2. 中国社会科学院考古研究所山东工作队：《山东滕州市前掌大商周墓地1998年发掘简报》，载《考古》2000年第7期。
3. 岛邦男认为，甲骨文中的"射"就是"以战车一辆之射士为单位的编制"(《殷墟卜辞研究》，东京汲古书院1975年版)。

商代晚期特别是殷墟二期之后，商代的车辆逐渐多起来，在三、四期为贵族们所接受，特别在商末更多。车的使用主要是出游、田猎，用于战争中的较少。商王或贵族们或者在田猎的过程中进行过车战的模拟和训练，但始终未能将车大规模用于战争[1]。原因在于用于作战的战车，必须具有一定的灵活性，才能"车错毂兮短兵接"（《楚辞·国殇》）。前已论述，商代车马坑所出的马车轮径较大、车厢窄短、单辕较直，整体笨重，难以自如运转，无法满足交战用车的要求。如若是战车，首先要确保车士的安全和活动空间。而商代晚期的车门只有35—45厘米，亦不利于作战时甲士的上下。当2位乘员在不足2平方米的范围内跪坐与踞坐时，很难进行幅度较大的动作，几乎不可能操作兵器作战[2]。

最近，有学者分析了中外古代车战的演变进程，认为车战大体有四种形式：车下作战、车上与车下相结合作战、车上作战、与其他兵种协同作战[3]。车下作战即用车输送兵员到达战场后，下车作战，对战车的要求相对不高，商代的车子是否属于这种形式呢？虽然商代晚期的车内可以乘坐2人，除去御者，实际上只能输送1人，这样的运输能力显然无法满足车下作战的需求。后三种形式的作战均需要在战车上承担部分或全部的杀伤任务，商代车子无法提供让甲士杀敌的条件。显然，后三种形式是不存在的。总之，商代的马车达不到作战战车的要求。

再者，在十几万片甲骨文中，记录用车作战及俘获方国车辆的卜辞各1条，实在太少[4]。据史书记载，晚商时期对外用兵十分频繁，而且战车较之徒兵先进，如果当时常用战车作战，当有较多的记录。这些都说明晚商时期战车在战争中未起重要作用。由此观之，商代战车上可以用于杀伤敌方的有效手段，只有靠弓矢远射。

1. 袁靖认为起源于商代晚期的家马，为商代王室和贵族所专有。王室和贵族生前用其驾车或在祭祀中使用，死后则用它们随葬。(《中国古代家马的研究》，陕西省文物局等编：《中国史前考古学研究》，三秦出版社2003年版，第436—443页。) 倘袁氏的结论正确，家马如此珍贵，就不可能大量用于战争中驾车。
2. 在古代文献有关车战的记载中，有关于弓箭手在车上发射的记载(《周礼·夏官·大司马》云："中冬教大阅，前期，群吏戒众庶修战法……及陈车徒，如战之陈……及鼓，车驰徒走。乃表乃止。鼓戒三阕，车三发，徒三刺。"《逸周书·克殷解》亦载周武王"先入适王所，乃克射之，三发而后，下车。") 据此看，商代的战车狭小无法让射手操弓远射。
3. 金玉国：《古代车战考究》，载《军事历史研究》2007年第2期。
4. 刘一曼：《略论商代后期军队的武器装备与兵种》，《商承祚教授百年诞辰纪念文集》，文物出版社2003年版。

青銅兵器

AR+ 殷墟

第三章 殷墟青铜兵器所反映的青铜文明

青铜时代，"国之大事，在祀与戎"，"祀"器与"戎"器并重。青铜兵器作为"获取和维持政治权力的主要工具"[1]之一，反映着当时的青铜文明。

3.1 商文化的统领地位

商文化中心区的兵器始终是最发达的。不仅如此，商代青铜兵器所代表的等级、礼仪观念深入周围地区。

钺、大刀等兵器是使用者身份高低、军权大小的标示物，其数目的多少、质地的优劣、纹饰的样式等均随使用者身份的不同而有所差别。兵器后面所反映的等级观念和礼仪成分，是商文化内涵的重要组成部分，各商文化影响区对这些兵器的使用说明他们对商文化的认同与遵守，这也说明受封的诸侯国与商王朝的关系之密切。

晚商时期，商文化中心区兵器的主导地位，一方面源于商王朝的强势文化，另一方面与商王朝对周边的征伐相关。

---

1. 张光直：《从商周青铜器谈文明与国家的起源》，《中国青铜时代》，生活·读书·新知三联书店1999年版，第480页。

3.2 各青铜文化之间的影响模式

战争是各种兵器不断改进的动因，同时也促进了作战各方兵器的交流。

在各文化区不同程度接受商文化影响的同时，也对商文化施以影响。各青铜文化区之间的文化影响，大致可以分为三种模式（图3-1）。

第一种模式为互动模式，指的是商文化中心区与商文化外围区之间的关系。具体而言，中原地区吸收了内蒙古中南部和陕晋黄河两岸区以及冀东辽宁地区的有銎、兽首、铃首的作风，以及铃首短剑、部分车马器、工具、铜镜、金饰的做法；且对北方地区产生反射性交流，如管銎啄戈就是在中原戈影响下的产物，其从北方长城地带向北经蒙古高原，再传到外贝加尔和米努辛斯克盆地[1]。殷墟地区不仅接受了南方的矛，而且逐步将之推广应用，矛随着商文化的传播而散布到全国各地。

[1] Linyun. A Reexamination of Relationship between Bronzes of the Shang Culture and of the Northern Zone. Studies of Shang Archaeology. Yale University Press, 1986.

商人对外围区兵器的吸收反映了商文化的接纳精神和实用主义。北方青铜兵器在草原游牧民族长期使用的过程中不断发展，具有较强的实用性。商人在接受它们作风的同时，对其进行改进，如有銎的做法在直内无胡戈和直内有胡戈上都有见到。又如商人在南下的过程中发现矛的实用性，便采取拿来主义，对其改造和发展。而对于成都平原上用于仪仗祭祀的锯齿刃戈，商人没有接受，一方面可能因为其不实用，另一方面可能是对早期蜀文化不予以认同。商文化中心区对外学习的最重要因素是看其实战效能。

商文化外围区学习商文化中心区的更多是礼制，如陕蒙晋黄河沿岸地区商墓随葬的青铜礼器与殷墟地区的基本相同，兵器上长方体钺、直内戈等器类的形制及其上面的纹饰也接近殷墟地区。商文化外围区对商文化中心区的学习，基本上是移植或搬用，并进行了一定的改进。新干大墓的铜礼器圆鼎、壶、瓿、罍、方卣等与中原地区的同类器相近，直内钺、直内戈、双翼镞、镂孔镞与中原地区的近似，曲内戈内部作虎嘴分开的形态显然是迎合当地的文化习惯。三星堆祭祀坑和金沙遗址中的铜礼器只接受了尊、罍、瓿、盘等铜容器和琮、璧、瑗、环等玉器，而兵器只有仪仗用的锯齿戈，对商文化中心区推崇的钺、戈、大刀等器类根本不用（图3-2至3-5）。

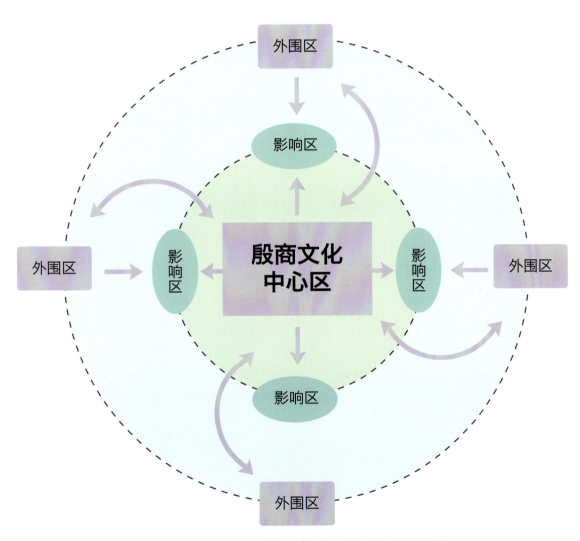

图 3-1 商代三大区的交流模式（图中箭头表示影响者，虚线表示有交流）

图 3-2　三星堆遗址出土铜龙虎尊

图 3-3　三星堆遗址出土铜圆罍

图 3-4　三星堆遗址出土十节玉琮

图 3-5　三星堆遗址出土有领玉璧

就外围区的五个小区而言，陕蒙晋黄河沿岸区和鄱阳湖平原地区与商文化中心区的互动程度高些，互相学习改进的文化因素较多而明显；而冀东辽宁地区、汉中和成都平原地区、江浙地区与商文化中心区的互动程度较低，互补的成分少而改进的幅度不大。

第一种模式的形成与当时的政治形式、各地的地理环境密切相关。商文化外围区与商文化中心区的地形地理环境有很大的不同，产生的兵器也不同。另一方面，商文化外围区与商王朝的关系处于不稳定状态，为了同对方作战必定要学习对方兵器的优势。

第二种模式基本为单方面的输出与接受，指的是商文化中心区与商文化影响区之间的关系、商文化外围区与商文化影响区的关系。商文化中心区对商文化影响区灌输了大量的礼制，表现为礼器的贯彻执行和兵器上的大同小异。以黄陂盘龙城为例，从宫殿建筑到生活用具，基本上是对中原地区的模仿，创新的成分不多。反过来，商文化影响区对商文化中心区的影响较小，他们基本上是单方面的学习，商文化从中吸取的文化因素幅度不大。商文化影响区在吸收商文化中心区的文化因素时，是有所选择的，基本上只容纳中心区的本身因素，而对中心区吸收外围区的文化因素不予接受，如罗山商墓中的兵器有钺、戈、矛、镞，没有殷墟常见的兽首刀，而这两种兵器是殷人吸收北方文化因素所成的。形成这种模式的原因是，商文化影响区有的地方（如苏埠屯）是商王朝直接派王室成员或高级将领前往驻守，这些人自然把商王朝的礼制带到该地；商文化影响区的大多数是同姓或异姓诸侯国，与商王朝的关系密切，其上层人物有的到商王朝任职，他们受商文化的影响甚深，乐于接受商文化的礼制和兵器。此外，商文化影响区与商文化中心区的地理环境比较接近，基本是平坦的平原地区，所以从实用的角度上易于接受。

商文化外围区对商文化影响区亦施加影响，而从后者中吸取的很少。如关中地区出现的有銎钺、战斧和多孔刀都是陕北地区文化影响的产物。此外，西北的徐家碾寺洼文化和卡约文化对商王朝西部影响区的影响最为明显。在前两者分别发现了青铜戈、戣、矛、镞和矛、镞，两者与商文化的兵器交流目前材料尚无法说清，但在商外围区是有迹可循的。

如西宁沈那遗址[1]、淅川下王岗遗址、陕西历史博物馆收藏[2]、南阳博物馆所藏的弯钩大铜矛反映了这些地区文化的联系，类似的带钩铜矛在俄罗斯鄂木斯克（Omsk）州府附近的茹斯托夫卡（Rostovka）出土[3]、与赛伊玛—图尔宾诺现象罗斯托夫卡所出的矛[4]相近（图3-6）。淅川、南阳和陕西历史博物馆所出（藏）的铜矛均宽肥大叶、弯钩在最外部流畅下垂，骹部另一端有系，这些特征均与接受欧亚草原文化大弯钩铜矛整体瘦长、叶部三叉形、单系耳和弯钩置于同一侧、弯钩似磬形有所不同，说明在这些地区在吸收欧亚草原文化部铜矛风格时均做以改动，而沈那遗址所出的铜矛形制与中国境内同类器相同、同时叶骹部属于叉形，更能体现这种文化的交流和碰撞，这些发现将改变以前学者认为草原文化对商代武器影响不大的看法。

在安阳市考古队10AYYJYM33所出的1件弯钩铜矛[5]则充分体现了商文化对外来文化的同化：这件铜矛为典型的商式柳叶矛，叶较宽，有双环，属于前文中介绍的AaⅢ式矛，但下斜垂的大弯钩显示了外来的影响。

1. 王国道：《西宁市沈那齐家文化遗址》，《中国考古学年鉴（1993年）》，文物出版社1995年版，第260—261页。
2. 引自张天恩：《关中商代文化研究》，文物出版社2004年版，第265页。陕西历史博物馆征集的这件带钩具具体出土地点不清。
3. 李水城：《关于河南淅川下王岗出土铜矛观摩座谈会发言的更正》，载《中国文物报》2009年5月29日第7版。
4. [俄]E.H.切尔内赫、[俄]C.B.库兹明内赫著，王博、李明华译：《欧亚大陆北部的古代冶金：塞伊玛—图尔宾诺现象》，中华书局2010年年版，第45页图二十九，1、2，第46页图三十1、2，第273页。
5. 该墓所出的青铜器属于典型的商文化，由于其资料未整理，目前铜礼器仅见铜觚2、爵2、甑1、鼎2、罍1、簋1，兵器有长方体钺1、弯钩矛1、亚腰矛2、直内戈5、銎内戈1。爵鋬下有"戊"。或许这件器物是该族人在战争中虏获的。

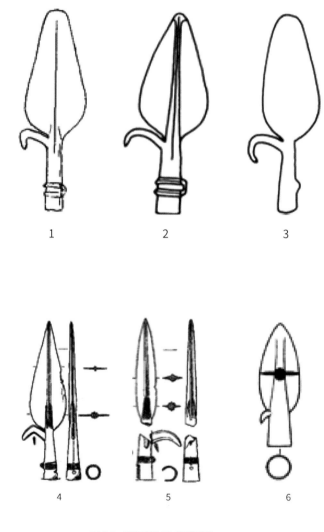

图 3-6 青铜弯钩矛、镞线描图
(1—5 为铜矛,6 为铜镞)

1. 青海沈那出 2. 陕西历史博物馆藏 3. 淅川下王岗出 4. 罗斯托夫卡 No.13
5. 恰雷什河 No.17 6. 断泾 M4：11：3

兵器弯钩的做法不仅见于铜矛，在四坝文化、断泾遗址、河南舞阳玉皇庙村发现和绥德拣选的管銎铜镞[1]、陕北清涧发现的倒钩铜镞上[2]也有见到。草原文化的影响不仅在商之西土、北土多见，而且在商之中心也有所发现。安阳宜家苑 M94 出土了 1 件青铜短剑，形制与甘泉下寺湾商墓的同类器相似，但较后者身窄长，而直剑柄、宽扁铃首的做法又反映出殷墟文化对草原风格的改造。再如汉中地区的铜戣对关中地区产生了很大的影响，而前者几乎没有从后者学习青铜兵器的形制。

当然，商文化影响区由于地理位置的缘故，可能是商文化中心区与商文化外围区的一些文化因素交流的传播路径，但是，商文化影响区的本身的兵器不具有创造性。

第三种模式是若有如无、断断续续的交流。主要表现在商文化影响区各相邻小区之间、商文化外围区各相邻小区之间。如商文化外围区的内蒙古中南部和陕晋黄河两岸区对冀东辽宁地区产生了影响，输入了兽首剑、战斧、环首刀等，而后者在交流的过程中也将战斧鹤嘴装饰的做法传到前者。以兽首短剑、管銎斧、有銎戈、环首刀和兽首刀为主要因素的不仅在黄河两岸区和东北地区交流，而且向外扩散，在蒙古、外贝加尔发现的青铜短剑和刀就是例证[3]（图 3-7）。而河南灵宝所出的有阑钺反映了豫中地区和关中地区的交流。这种模式产生的主要原因是人群的流动，战争并非主因。商文化外围区之间的互相交流程度多于商文化影响区之间的交流。原因可能在于商文化影响区均接受了商文化的领导而使得文化面貌相近、同时相近的地理环境又造成了青铜兵器型式的类同。

---

1. 中国社会科学院考古研究所泾渭工作队：《陕西彬县断泾遗址发掘报告》，载《考古学报》1999 年第 1 期；朱帜：《河南舞阳县陆续发现商代文物》，载《考古》1987 年第 3 期；绥德拣选的有銎镞（绥德 392-42）（曹玮：《陕北出土青铜器》第 4 册，巴蜀书社 2009 年版，第 667 页），原报告认为是东周时期的，而其形制与断泾所出同类器近似，故其应为商代晚期。
2. 引自张天恩：《关中商代文化研究》，文物出版社 2004 年年版，第 265—266 页。
3. 乌恩：《论蒙古鹿石的年代及相关问题》，载《考古与文物》2003 年第 1 期。

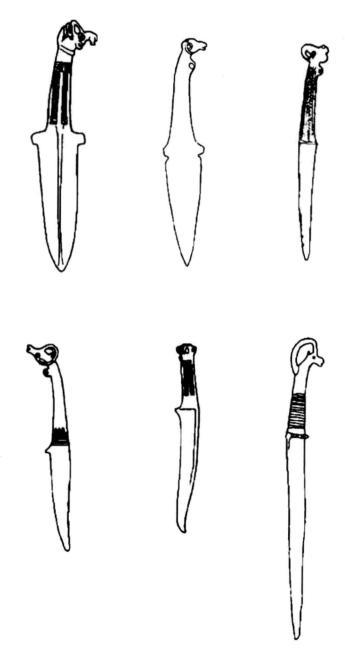

图 3-7 蒙古和外贝加尔青铜短剑和刀(引自乌恩, 2003)

3.3 青铜兵器是商文明的标识之一

商代中原地区青铜兵器的统领地位，与该地区的王朝文明直接相关。关于国家文明及其物化形式，学界有较统一的看法：城址、大型城市建筑、军队、文字、官僚机构、等级化的建筑和墓葬、先进的手工业等。

在文明的形成和发展过程中，战争成为文明的重要动力系统，是中华青铜文明结构内部的重要组成部分。在中国青铜文明大体系下，各子系统不断争斗交融，才使得中华文明整体得以延续和走向繁荣。战争作为其中的一个子系统，它以激烈的形式完善和补充礼制等所无法解决的问题。兵器在这个系统中不断地更新调整，使强势部族居于优势、统率地位，优势性得以传播和发展，从而促进了文化交流。从宏观角度看，作为战争的物化形式，青铜兵器亦反映了商王朝文明。

第一，中原地区对先进技术的独占和扩散是商文明的保障。商代，方国的结盟不稳定，战事频繁，甲骨卜辞中记录了商朝与周边民族经常发生战争，有时军队规模可达上万人，其中位于其西北的羌方和土方是商经常讨伐的对象。为了满足战争的需要，各国族在不断改进自己的军队装备。在部族林立、争夺资源战争频繁发生的局势下，只有那些装备了青铜兵器的部落才能成为一方霸主[1]。作战各方都尽力制造铜兵器。很多学者认为，统治者通过对特定的粮食作物、工具或兵器的垄断来获得凌驾于民众的强制性权力。他从反对者那里获取这些物品的能力是其进行其他统治形式的基础。但是，青铜器的制造并非易事，要经过采矿、制范、熔铜、浇铸、打磨等工序，如此复杂的工艺在当时来说是政府行为，只有实力雄厚的国家才能完成。商灭夏后，继承且垄断了二里头遗址的青铜制造工艺，大型专业的青铜作坊和青铜器工业中心只见于早商时期的郑州商城和其他几座商文化分布区内中心聚落或早商都邑，说明商人在掌握了制造铜兵器的技术之后，进行严格的封锁和保密；直到商代中期后这种局面才被打破。商代中期后，为了政局的稳定和对外领土的扩张，商王朝借助于青铜质祭器强化与周边方国的关系，允许他们自行铸器。同时，随着王权的强化，商朝的兵制趋于正规化，常备军数量猛增。在这种情况下，青铜铸造技术得以扩散。当制造铜兵器的技术被传播开后，青铜铸造技术进步很快，各文化区不同程度接受了商文化影

1. 俞伟超：《长江流域青铜文化发展背景的新思考》《古史的考古学探索》，文物出版社 2002 年版，第 138—141 页。

响的同时，创造了自己的青铜兵器，也对商文化施以影响。到晚商时期，商王朝及其他各文化区的青铜兵器都有相当大的发展，区域青铜文化的特征越来越明显，异彩纷呈。此外，陨铁在铜兵器上的使用也充分反映了贵族对技术的垄断。目前发现的铁刃铜钺来自藁城台西，与玉叶铜矛、玉援铜戈等类似，有学者认为，陨铁被视为祥瑞之兆，在当时是独特的，适合于诸侯。总之，在青铜业产生之初，夏商王朝为了巩固自己的统治而实行技术独占，随着政治的扩张，为达"用能协于上下，以承天休"（《左传·宣公三年》）的目的，又将技术扩散。

第二，与此同时，商王朝也对铜矿料进行了严格的控制和垄断，因为青铜器维系并巩固着商代的社会体制和上层建筑。一个成功的权力持有者必须有效控制自然资源和社会关系。有学者指出，冶金技术的发展是与军事上精锐部队的兴趣和战争的频繁有着密切的联系，而战争的原因就是为了竞争经济资源[1]。资源的垄断与强大的国力分不开，反过来又加强了国家的军事实力。关于商代铜矿的研究虽然不多，但是当时人对矿产资源比较熟悉，如成书于春秋战国时期的《山海经》记载了古代矿藏和动植物资源的，现在大都可以证实，其中有226处金银铜铁锡和玉石等矿藏，古豫州有玉石、铜矿等。到了商代晚期，殷墟的铜料来源主要渠道在南方，很可能为长江中游地区，江西瑞昌铜岭和湖北大冶铜绿山等铜矿遗址是当时重要的采铜中心[2]，在王朝中心可能还有小规模的采铜点。而商王朝也对青铜冶炼所用的铅资源进行了控制，在晚商四期之前的铅资源来自遥远的云贵地区，到晚商四期铅的供应来源发生了变化，青铜器中的高放射性成因铅又返回到二里头时期青铜器的正常比值范围[3]，这说明商朝对铅资源的掌控是多方位的。而商代晚期向东的大力扩张，极有可能与东部的资源有关。

第三，商王朝对兵器逐渐赋予并强化了礼仪的性质。在多元系统的发展中，只有中原地区的商文化系统兵器得到了超越兵器实用本身的范畴，兵器被赋予礼仪和身份的象征。青铜兵器体现着等级制度，规范人们的行为规则，稳定社会秩序，其礼仪色彩也愈来愈浓厚，钺、卷首刀成为身份和地位的象征。当一定的财富（诸如铜剑、铜匕

1.［美］狄宇宙（Nicola Di Cosmo）著，贺严、高书文译：《古代中国与其强邻：东亚历史上游牧力量的兴起》，中国社会科学出版社2010年版，第63页。
2. 华觉明、卢本珊：《长江中下游铜矿带的早期开发和中国青铜文明》载《自然科学史研究》1996年第1期。
3. 金正耀：《中国两河流域青铜文化之间的联系——以出土商周青铜器的铅同位素比值研究结果为考察中心》，《中国商文化国际学术讨论会论文集》，中国大百科出版社1998年版，第425—433页。

首、铜装饰品和酒杯）被社会的一小部分人所垄断，这些东西成为真正的精英器物，服务于区分精英们与社会大众并排除了大众的经济、政治权威地位资格。这财富的象征物就逐步转化为声望、权力的系统。统治者通过对这些象征物进行生产、分配和炫耀来形成且巩固有利于自身的统治秩序，并将这些统治秩序的符号传播到其统治领域。商王朝亦是遵循了此原则进行统治的，商王对各方国施行羁縻政策，根据其势力强弱、地理位置等原因进行赐兵活动，以进行有效控制。如卜辞中有卜问是否给黄国赐兵的记录。黄国位于淮水南岸，处于商王朝与长江流域诸小政权的中间地带，对于保卫商之南土有重要的战略意义[1]。

商代的兵器礼制充分体现在不同等级的人使用不同质量、不同尺寸、不同组合的兵器。兵器随使用者身份的不同而有差别在商代晚期最盛，并深刻地体现在墓葬中。在商文化中心区，墓主身份不同，随葬的兵器和兵器的合金成分[2]截然不同，在殷墟二期后还流行了以明器兵器相配身份的现象。在商文化影响区内商墓也发现了依墓主身份高低而随葬不同兵器的现象，反映墓主对商文化的认同与遵守，其他考古资料也说明商文化影响区大多是当时的同姓或异姓诸侯国，他们受商文化的影响至深，在全盘接受商文化的礼制和兵器的同时向商文化靠拢。而商文化外围区即甲骨文中所称的"多方"，大多为部族方国，与商王朝的关系极不稳定，对殷王朝时服时叛，且一般距离商文化中心区较远，各自独立，在社会习俗、使用器具上具有自己的特点，在铜兵器、日常用陶上均有显著的地方特色，且"戎"器数量远大于中原地区，至少在一半左右。他们也学习商文化中心区的礼制，体现在这些地区的铜礼器与中原地区相近，但对商文化所推崇的钺、戈、大刀等军权类兵器根本不用，其发展虽受商文化刺激和影响但继续沿着原有轨迹前进。总之，商代中心区和影响区兵器保持一致、且分布范围相对稳定，暗示了商王朝与其统治区域保持良好的关系，而礼仪兵器可能是通过授受方式来体现商王与诸方国、臣下的关系的；而兵器外形相似、局部特色的做法又可能反映了地方以受赐兵器为样板而改创的。

1. 齐文心：《商殷时期古黄国初探》，《古文字研究》（12），中华书局1985年版，第121页。
2. 妇好墓中，兵器的锡含量很高，属于高锡铜合金。第三期仅出铜兵器的小墓中，戈的铜含量很高，属于纯铜或铜锡铅合金；而同期的大型墓郭M160中，兵器铅含量很高，属于高铅铜合金。说明不同等级不同身份的人其随葬品的合金成分是不同的（赵春燕：《安阳殷墟出土青铜器的化学成分分析与研究》，《考古学集刊》第15集，文物出版社2004年版，第243—268页）

1. 商文化的分布和类型被许多学者深入分析过，在《中国考古学·夏商卷》中也有相关论述。
2. 东下冯和垣曲商城均是在二里头文化之上重建的一种文化，应该属于文化上排他式的替代，两地地理位置对于防范夏人至为重要，应属于商人选择性建设并派兵驻守之处，两者均有城墙。垣曲商城西墙南段和南墙西段均筑双道城垣的夹墙说明了其防御功能的强化，发掘者认为其属于商王朝置于晋南黄河以北的军事重镇或方国之都。（中国历史博物馆考古部、山西省考古研究所、垣曲县博物馆：《垣曲商城（一）：1985-1986年度勘察报告》，科学出版社1996年版，第263—300页）。
3. 中商时期的朱开沟墓葬不像前段集中分布，而是以单个散布为特点，墓葬面积普遍小，38座墓葬中有随葬品的共16座，其中6座有青铜器、4座出青铜兵器，M1052面积略大些，随葬的青铜戈、陶簋和豆属于商式的（内蒙古自治区文物考古研究所、鄂尔多斯博物馆：《朱开沟：青铜时代早期遗址发掘报告》，文物出版社2000年版，第214—220、281—287页），其余墓葬的文化属性应该是该地文化的继续发展。

第四，商式青铜兵器的分布体现了商王朝的扩张与对外政策，这种分布与各地的商代文化相比可能不全面[1]，但更能直接反映商王朝的兵锋所指。随着商汤革夏命的成功，商王朝开始着力新的社会秩序的建设，在垣曲商城、夏县东下冯这些地点派兵驻守[2]、在夏都之东就近的偃师和郑州建立商城，通过东西包抄有力地防范夏遗民，我们可以看到这些地区的青铜兵器比较多且发达。当"有夏之居"经营好后，商人随即向四面扩张，西至西安蓝田，东达滕州和泗水，南及许昌和盘龙城，北到河南辉县，虽然这些地方的青铜兵器及其文化分布成散点状，但商王朝对四方经略的趋向可见一斑，最终获得了"昔有成汤，自彼氐羌，莫敢不来享，莫敢不来王，曰商是常"（《诗经·商颂·殷武》）的政治场景。

在商代中期，商王朝不断徙都，势力尚不稳定，但由于控制了青铜铸造技术而获取了统治的有力手段，在商文化的四周发现风格非常相近的青铜兵器。商王朝的中心从伊洛逐渐转移到豫北地区，此时对周边的经略有所变化。西北方向，已远触内蒙古中南部河套地区，但其势力在此只是蜻蜓点水般的试探[3]；西部在关中地区渭河流域沿泾、渭干流方向直挺进入，商式兵器的分布已从蓝田到岐山，并与西安老牛坡连成一线，商文化对此地的方针似乎是以线控面，并与北边河套地区相呼应形成攻守均宜的掎角之势。东部已经开始在济南大辛庄经营，大辛庄地理位置的重要性显然为商人意识到了，与鲁西南的滕州成为南北两个军事要塞，在其他地区逐渐以一种排他式的方式进行殖民统治。而南部则以盘龙城为基点控制江汉平原，由于南部是铜矿资料重地，这是商王朝对外用力最重之处，派高级官员和重兵把守，盘龙城的宫殿式建筑和青铜礼器和大钺是其代表。

进入晚商时期，商人势力不断外扩，政治相对稳定，各地的地方性文化也在崛起，商王朝面对新的政治形势采取了不同于前的统治程序，使得各方国与王朝的政治隶属关系更加清晰化、层次化和礼仪化。在商王朝控制范围之内，排他式的处理方式不再，设立众多的代理人和屏障，并以之遥控边远之地；对于远离王都的其他地方，采取渗透式的方式，与土著文化共存互利；而在军事和地理位置险要处设置军事要塞，遏制反商势力。

第五，中原地区在青铜兵器的发展中有海纳百川、融化创造的精神。中原地区的青铜兵器在保持主导地位的同时，加强了对外文化的吸收。商代中晚期，各文化区兵器的影响变得流畅频繁起来，商文化中心区在对商文化影响区进行强有力渗透的同时，还通过其或直接积极吸收商文化外围区的因素，如中原地区从北方吸收了北方草原文化系统有銎、兽首、铃首的作风，以及部分车马器、工具、铜镜、金饰的做法；殷墟地区不仅接受了南方的矛，逐步将之推广应用，且在此基础上创造出颇具特色的亚腰形叶矛。殷墟还接纳了西南早期巴蜀文化的三角援戈，因其有效的啄击功能而在殷墟晚期得到较多使用。当个人可以通过展示与外来文化有关的象征物来建立起优越的社会等级身份时，对外来文化的吸收就会变得通畅，同时内外交流的良性循环逐渐形成，各个文化的融汇更加紧密，强势的文化获得了更快更全面的发展。

总之，青铜兵器的发展深受当地文化传统、地理环境和军事观念的制约。商代青铜兵器在中原地区得到最快的发展，与当时商王朝的政治和经济地位、统治策略、先进的制铜技术等直接有关。在探讨早期文明时，青铜兵器可以显示权力和财富的占有和分配、技术的进步与否、政治的态势、文化传统与文化之间的碰撞与争斗等等。借助于政治程序、生产技术、地理之便，中原地区青铜兵器的地位在夏代开始显现，且日渐加强，成为夏商文明的重要标识物，并在之后的两周青铜文化中扮演着重要的角色。

AR+ 殷墟青铜兵器（下）

AR+ 使用说明

一、下载与安装

1. 安卓系统：扫描以下二维码，下载安装"AR 殷墟青铜兵器.apk"。

百度网盘　　　　腾讯微云

2. 苹果系统：扫描以下二维码，根据视频教程下载安装"AR 殷墟青铜兵器 APP"。

二、使用方法

1. 在手机桌面点击 AR 殷墟青铜兵器的图标，进入 AR 殷墟青铜兵器应用程序。

2. 点击"始终允许"同意拍摄照片和录制视频的请求。

3. 点击"进入殷墟"。

4. 将手机摄像头对准书中标有"AR+"的图片。

5. 识别成功后，手机上会出现对应的三维模型和声音，可用手指拖动对模型进行旋转，点击模型会出现文物介绍等。

6. 点击"返回"可退出至初始界面。

图书在版编目（CIP）数据

AR+殷墟青铜兵器 / 柴秋霞主编. —上海：上海大学出版社，2021.3
ISBN 978-7-5671-3808-7

Ⅰ.①A… Ⅱ.①柴… Ⅲ.①商代铜器—通俗读物 Ⅳ.①K876.41-49

中国版本图书馆CIP数据核字（2021）第017486号

上海市新闻出版专项资金资助出版

责任编辑　傅玉芳　刘　强
美术编辑　柯国富　丁梦莹
技术编辑　金　鑫　钱宇坤
AR 制作　刘明宽　周艺璇

AR+YINXU QINGTONG BINGQI
AR+殷墟青铜兵器
柴秋霞　主编

出版发行	上海大学出版社
社　　址	上海市上大路99号
邮政编码	200444
网　　址	www.shupress.cn
发行热线	021-66135112
出 版 人	戴骏豪
印　　刷	上海东亚彩印有限公司
经　　销	各地新华书店
开　　本	787mm×1092mm　1/16
印　　张	17.75
字　　数	355千字
版　　次	2021年3月第1版
印　　次	2021年3月第1次
书　　号	ISBN 978-7-5671-3808-7/K・208
定　　价	120.00元（全三册）

版权所有　　侵权必究
如发现本书有印装质量问题请与印刷厂质量科联系
联系电话：021-34536788

AR+
殷墟

青銅

兵器

AR+
殷墟
兵器青铜